宁波轨道交通机电系统技术导则

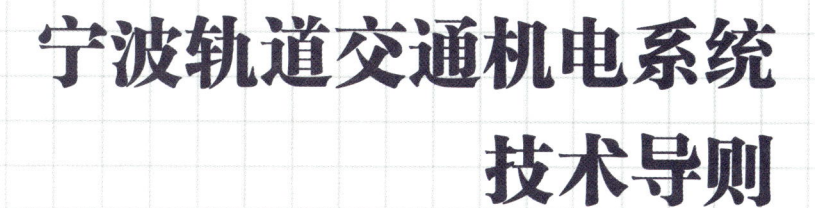

宁波市轨道交通集团有限公司
浙江华展研究设计院股份有限公司 编

西南交通大学出版社
·成 都

图书在版编目（CIP）数据

宁波轨道交通机电系统技术导则 / 宁波市轨道交通集团有限公司，浙江华展研究设计院股份有限公司编. -- 成都：西南交通大学出版社，2024.4
ISBN 978-7-5643-9801-9

Ⅰ. ①宁… Ⅱ. ①宁… ②浙… Ⅲ. ①城市铁路 – 轨道交通 – 机电系统 – 宁波 Ⅳ. ①U239.5

中国国家版本馆 CIP 数据核字（2024）第 081796 号

Ningbo Guidao Jiaotong Jidian Xitong Jishu Daoze
宁波轨道交通机电系统技术导则

宁波市轨道交通集团有限公司　　编
浙江华展研究设计院股份有限公司

责任编辑	梁志敏
封面设计	吴　兵

出版发行	西南交通大学出版社 （四川省成都市金牛区二环路北一段 111 号 西南交通大学创新大厦 21 楼）
邮政编码	610031
发行部电话	028-87600564　028-87600533
网址	http://www.xnjdcbs.com
印刷	成都勤德印务有限公司

成品尺寸	185 mm × 260 mm
印张	10
字数	236 千
版次	2024 年 4 月第 1 版
印次	2024 年 4 月第 1 次
定价	68.00 元
书号	ISBN 978-7-5643-9801-9

课件咨询电话：028-81435775
图书如有印装质量问题　本社负责退换
版权所有　盗版必究　举报电话：028-87600562

编审委员会

主 任 杨 蔚
副主任 姚 晔　姚燕明　吴才德　徐金平
　　　　　杨树松　许 冠
委 员 方 晖　蒋晓东　蒋 玥　燕 玲
　　　　　黄贵彬　赵宁宁　魏 军　曾海军
　　　　　陈金铭　马彦波　李大伟　王向阳
　　　　　黄江伟　叶 如　杨 波　裘文超
　　　　　杨庆欣　赵 程　朵建华　盛锦江
　　　　　李守杰　朱益龙　姜 虎　金 超
　　　　　周永健　陈 敏　苗 妤　杨浩杰
　　　　　董海萍　余志峰　吴业飞　王 毅
　　　　　李 阳　安禹搴

前言

习近平总书记指出:"城市轨道交通是现代大城市交通的发展方向","要继续大力发展轨道交通,构建综合、绿色、安全、智能的立体化现代化城市交通系统"。建设新时代绿色、智慧的轨道交通正是落实国家政策、应用新技术、提速行业发展、满足人民群众美好出行需求的实际举措。

宁波轨道交通以"交通强国,城轨担当"的使命感,聚焦"轨道交通事业发展主抓手、现代城市深度经营主力军、轨道产业生态构建主平台"定位,发展安全、便捷、高效、绿色、智慧的城市轨道交通,不忘初心,砥砺前行,不断推进各项事业高质量发展。宁波轨道交通于 2009 年 6 月全面开工建设,现已建成开通 1 号线、2 号线一期、2 号线二期首通段、3 号线一期、4 号线、5 号线一期等共 186 km。"十四五"期间,按照全域城区化目标,加快推进第三期 6、7、8 号线和市域(郊)铁路建设,朝着开通 300 km 运营里程的蓝图迈进。预计 2026 年前后,宁波轨道交通运营里程将超过 400 km。

为进一步适应宁波轨道交通多线建设、网络化运营、数字化改革和绿智城轨发展等新形势新挑战,宁波轨道交通站在线网全局的角度,加强各线路的系统化建设统筹,在继承现有机电系统建设经验的基础上,总结行业发展趋势和标准化需求,探索建立与新时代发展需求相匹配的技术标准体系,组织技术力量编制了《宁波轨道交通机电系统技术导则》(以下简称《技术导则》)。

该技术导则涉及 26 个系统专业,不仅包括了传统轨道交通建设中的供电系统、弱电系统、机电系统、轨道系统、人防系统、装修及段场工艺专业,还涵盖了新时代轨道交通建设中的线网云平台、线网指挥系统、大数据平台、线网通信系统等,统一了机电系统及装修专业的设计原则及技术标准,为施工图阶段的设计方案，图纸的合理性、实用性及标准性提供了依据，有利于宁波轨道交通工程标准化建设和线网运营管理及维修维护。

由于编者水平有限，《技术导则》的内容未必全面、完整，我们将在实践检验中努力加以完善，也恳请读者提出宝贵意见。我们期待《技术导则》能在宁波轨道交通在建线路、新线建设及既有线改造中发挥积极作用，为宁波轨道交通高质量发展创造最优的基础条件。

编 者

2023 年 7 月

目 录

1 线网云平台 ·· 1
   1.1 总体资源部署要点 ··· 1
   1.2 云平台承载范围要点 ·· 2
   1.3 资源池构成要点 ·· 3
   1.4 容灾要点 ··· 4
   1.5 信息安全要点 ··· 4
   1.6 机房要点 ··· 5

2 线网指挥中心系统 ·· 6
   2.1 功能要点 ··· 6
   2.2 系统构成要点 ··· 9
   2.3 信息安全要点 ··· 10
   2.4 COCC 与 OCC 的职能关系 ··· 10

3 能源管理系统 ·· 12
   3.1 系统构成 ··· 12
   3.2 专用功能要求 ··· 14
   3.3 能源云构成 ·· 20

4 线网大数据平台 ·· 23
   4.1 总体规划要点 ··· 23
   4.2 大数据平台架构要点 ·· 23
   4.3 大数据平台处理层级选型要点 ·· 24
   4.4 大数据平台部署要点 ·· 25
   4.5 大数据平台构成要点 ·· 25

5 线网通信系统 ·· 26
   5.1 线网传输系统 ··· 26

5.2	线网无线调度系统	26
5.3	线网调度电话系统	27
5.4	线网视频监视系统	27
5.5	线网编播中心	28

6 控制中心工艺 … 29

6.1	工艺总述	29
6.2	功能定位	29
6.3	工艺方案	30
6.4	各专业提供条件	33
6.5	与后续线路、系统的接口	34

7 通信系统 … 35

7.1	专用通信技术要点	35
7.2	公安通信技术要点	37

8 信号系统 … 39

8.1	全自动驾驶信号系统构成要点	39
8.2	全自动驾驶信号系统功能的要点	42
8.3	全自动驾驶对车辆基地的技术要点	44

9 综合监控系统 … 46

9.1	系统网络及设计要点	46
9.2	车站级要点	46
9.3	段场要点	47
9.4	车控室一体化方案	47
9.5	主变电站方案	48
9.6	感温光纤设置方案	48
9.7	智慧化功能	48

10 火灾自动报警系统 … 49

10.1	系统网络及中央级要点	49
10.2	车站级要点	49
10.3	段场要点	50

	10.4	区间风井 FAS 设置方案 ···	50
	10.5	主变电站 FAS 接入方案 ···	50
	10.6	FAS 消防电话设置方案 ···	51
	10.7	消防联动控制分工原则 ···	51
11	环境与设备监控系统 ···		52
	11.1	系统网络及中央级要点 ···	52
	11.2	车站级要点 ··	52
	11.3	段场要点 ··	53
	11.4	联动控制模式 ···	53
12	门禁系统 ···		54
	12.1	系统架构及模式要点 ··	54
	12.2	车站级要点 ··	54
	12.3	区间风井 ACS 接入方案 ···	57
	12.4	主变电站 ACS 接入方案 ···	57
	12.5	接入线网授权系统方案 ···	57
	12.6	门禁点安装建议 ···	57
13	自动售检票系统 ···		58
	13.1	系统网络及中央级要点 ···	58
	13.2	车站级要点 ··	58
	13.3	段场要点 ··	60
14	安防系统 ···		61
	14.1	系统架构及设置要点 ··	61
	14.2	车站级要点 ··	61
	14.3	出入段线周界报警设置方案 ···	62
	14.4	主变电站周界报警接入方案 ···	62
	14.5	车站入侵报警系统设置方案 ···	62
15	供电系统（含疏散平台） ···		63
	15.1	牵引系统要点 ···	63
	15.2	变电所要点 ··	63

15.3	接触网要点	65
15.4	变电所综合自动化系统要点	68
15.5	供电车间要点	68
15.6	疏散平台要点	69

16 站台门系统 …… 70

16.1	基本要点	70
16.2	主要设计参数	70
16.3	系统构成要点	71
16.4	全自动驾驶技术要点	75

17 自动扶梯与电梯系统 …… 76

17.1	车站自动扶梯设计要点	76
17.2	车站垂直电梯设计要点	77
17.3	场段垂直电梯设计要点	78

18 通风空调系统 …… 80

18.1	区间隧道通风系统技术要点	80
18.2	车站公共区通风空调及防排烟系统技术要点	82
18.3	车站设备管理用房通风空调及防排烟系统技术要点	83
18.4	空调水系统技术要点	85
18.5	多联机空调系统技术要点	86
18.6	车辆基地暖通设计技术要点	86

19 给排水及消防 …… 88

19.1	系统组成及主要功能	88
19.2	系统主要技术标准	89
19.3	生产、生活给水系统设计要点	90
19.4	消防系统设计要点	91
19.5	排水系统设计要点	92
19.6	自动灭火系统设计要点	94
19.7	给排水及消防管材	95

19.8 车辆基地给排水设计技术要点 ·· 96

20 动力照明（含场段） ··· 98
  20.1 车站动力配电、设备区照明技术要点 ·· 98
  20.2 区间技术要点 ·· 106
  20.3 公共区照明技术要点 ·· 108
  20.4 段场技术要点 ·· 111

21 轨 道 ·· 116
  21.1 一般要求 ··· 116
  21.2 正线轨道 ··· 116
  21.3 车辆段停车场轨道 ··· 121
  21.4 各专业接口 ·· 123

22 限 界 ·· 129
  22.1 主要设计要点 ·· 129
  22.2 建筑限界设计要点 ··· 129
  22.3 车场线要点 ·· 130
  22.4 限界检测要点 ·· 130

23 装 修 ·· 132
  23.1 方案设计要求 ·· 132
  23.2 地 面 ··· 132
  23.3 天花吊顶 ··· 133
  23.4 墙 面 ··· 134
  23.5 柱 面 ··· 135
  23.6 不锈钢玻璃栏杆 ·· 135
  23.7 外立面 ·· 136
  23.8 车站装修共性设施 ··· 136
  23.9 场段装修 ··· 138

24 人防系统 ··· 139
  24.1 建筑要求 ··· 139
  24.2 防护设施要求 ·· 139

24.3 防淹要求……140
  24.4 结构要求……140
  24.5 战时通风要求……141
  24.6 战时给排水要求……141
  24.7 战时供电要求……141
  24.8 平战转换……142
  24.9 场段人防……142

25 车辆基地工艺及设备……143
  25.1 车辆运用整备设施要点……143
  25.2 车辆检修设施要点……143
  25.3 综合检修设施要点……145
  25.4 救援设施要点……145
  25.5 物资仓储设施要点……145

26 车 辆……146
  26.1 一般规定……146
  26.2 车 门……146
  26.3 电气系统……147
  26.4 空调系统……147

1 线网云平台

1.1 总体资源部署要点

宁波轨道交通线网云平台包括 2 个中心，1 个主用数据中心（简称主用中心），1 个备用数据中心（简称备用中心），主用中心设置在下应控制中心，为线网级各系统提供计算、存储、网络、安全等资源，预留 14 条线及既有 MLC（Multi-Level Coll，多层单元）等系统的接入条件。备用中心设置在东环南控制中心，为线网级各系统提供容灾资源，承担 1~5 号线等系统接入。3 号线二期车站边缘云通过东环南控制中心接入线网能源管理云平台，线网能源管理云平台部署在东环南控制中心，并接入线网，统一由云管理平台（简称云管平台）管理。

为确保各线各业务系统能够接入线网云平台，在下应控制中心、东环南控制中心分别设置了接入节点。在两个资源池之间搭建线网骨干传输网络。

线网云平台总体部署示意如图 1-1 所示。

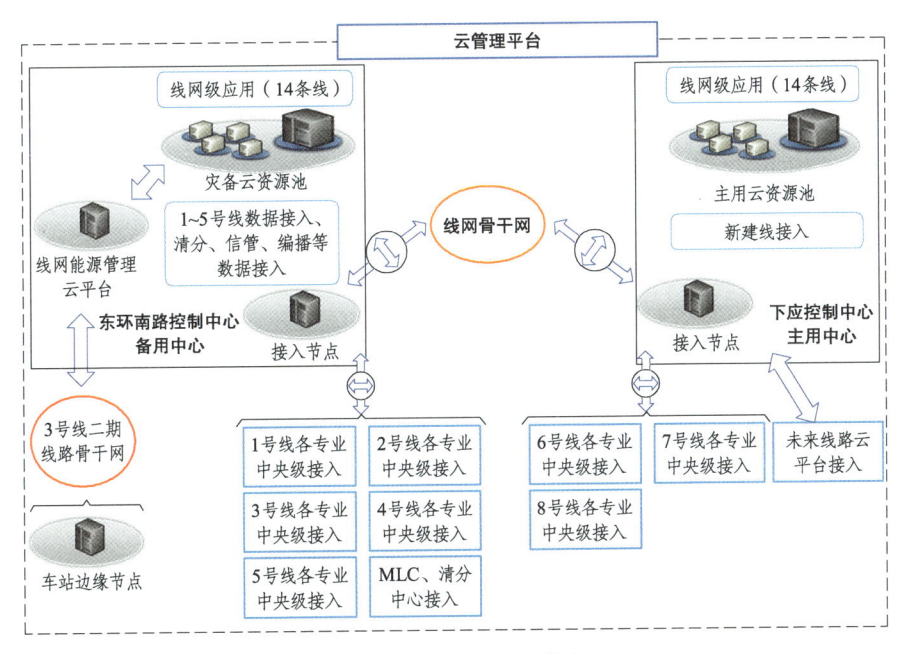

图 1-1 线网云平台总体部署

生产域、管理域、对外服务域统一纳入云管平台管理。云管平台软件总点数按统一规划、一步到位的原则设置，实施点位数为生产域（线网云平台、线网能源管理云平台及 3 号线二期边缘计算节点）、管理域、对外服务域（见图 1-2）。

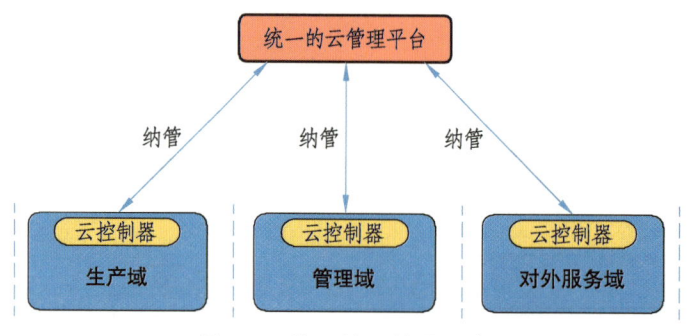

图 1-2 统一的云管理平台

1.2 云平台承载范围要点

1. 线网承载范围（见表 1-1）

表 1-1 线网承载范围

序号	系统	云化层级架构
1	线网自动售检票系统	线网级
2	线网安防系统	线网级
3	线网通信系统	线网级
4	线网客服系统	线网级
5	线网指挥中心系统	线网级
6	大数据平台	线网级
7	线网能源管理系统	线网级
8	信息管理系统	企业级

2. 3号线二期边缘云承载范围（见表1-2）

表1-2　3号线二期边缘云承载范围

序号	系统	云化层级架构
1	综合监控系统	站级
2	自动售检票系统	站级
3	视频监控系统（不含存储）	站级
4	乘客信息系统	站级
5	门禁系统	站级

1.3　资源池构成要点

1. 主用中心

线网云平台主要为生产域、管理域、对外服务域各系统提供云基础资源服务，统一部署各业务系统所需的计算、存储、网络、信息安全资源。另外，云平台同时为生产域、管理域、对外服务域提供云桌面服务，满足调度、运维等的云桌面服务需求。

线网云平台实现云化统一部署，使系统层级扁平化，简化了数据业务处理流程，实现了资源有效利用、运维集中化管理。同时，利用资源虚拟化和云管理平台等技术，构建了易于管理、动态高效、灵活扩展、稳定可靠、按需使用的云计算模式的数据中心，统一提供计算、存储、网络、信息安全资源，满足业界通用虚拟化、弹性计算、高等级安全、跨地理位置分布、大规模性、一致性等要求，并为后续智慧城轨各业务子系统智能联动、数据共享、大数据分析等智能应用提供基础平台支撑。

下应控制中心主用资源池内设置核心交换区（所有区域数据交换中枢）、业务应用区（部署云主机、物理机等）、存储区（各类存储设备）、安全管理区（安全设备）、运营、运维区（云管平台、统一运维平台）、业务备份区（关键业务备份）、数据中心互联区（互联备用中心）、终端接入区（接各类操作终端）、外联区（对接互联网）、专网区（对接公安、应急办、气象、消防、城际等专网）等。

2. 备用中心

备用中心内设置核心交换区（所有区域数据交换中枢）、业务应用区（部署云主机、物理机等）、存储区（各类存储设备）、安全管理区（安全设备）、运营、运维区（云管平台、统一运维平台）、业务备份区（关键业务备份）、数据中心互联区（互联主用中心）、终端接入区（接各类操作终端）、外联区（对接互联网，为清分互联网票务双活进行设置）。备用中心业务应用区仅部署各专业调度类应用，预留清分中心互联网票务应用双活部署（即让主备两个数据中心同时承担业务且互为备份），云平台应具备支持双活容灾能力。

1.4 容灾要点

（1）双活类业务的计算、存储、网络、信息安全等资源应按 1∶1 进行配置，并配置全局负载均衡器。
此类业务的应用有清分中心互联网票务系统的应用。
（2）主备容灾类业务的计算、存储、网络、信息安全等资源应按 1∶1 进行配置。
此类业务的应用有线网指挥中心系统的行车调度。
（3）数据容灾类业务的存储资源应按 1∶1 进行配置。
此类业务的应用有线网指挥中心系统（除行车调度应用外其他应用）、线网客服系统、线网安防系统、线网通信系统。
（4）不设异地容灾的应用有线网大数据平台、线网能源管理系统、信息管理系统。

1.5 信息安全要点

线网云平台统一考虑所承载系统的信息安全。针对云用户自身信息安全建设应具备以下的安全服务功能，且满足《信息安全技术 网络安全等级保护基本要求》（GB/T 22239—2019）和《城市轨道交通云平台网络安全技术规范》（T/CAMET 11005—2020）中"云用户安全"的要求。

（1）虚拟化访问控制功能：虚拟主机间应通过虚拟防火墙进行安全隔离与防护，应通过虚拟防火墙之间的互访安全策略控制流量访问。
（2）虚拟化入侵防御、恶意代码防范、日志审查功能：对云平台的每个业务系统应是专用的。
（3）虚拟化 Web 防护功能：对云平台的每个业务系统应是专用的。
（4）虚拟化防病毒功能：应为每个 VPC（Virtual Private Cloud，虚拟私有云）、安全组、虚拟机提供杀毒功能。
（5）虚拟 VPN（Virtual Private Network，虚拟专用网）功能：应提供虚拟 VPN 功能。
（6）虚拟数据库审计功能：对云平台的每个业务系统应是专用的。
（7）虚拟堡垒机审计功能：对云平台的每个业务系统应是专用的。
（8）漏洞扫描功能：对云平台的每个业务系统应是专用的。
（9）云平台安全评估和安全态势感知功能：应提供应用级别的安全评估服务以及安全态势感知服务。

1.6 机房要点

1. 主用中心

主用中心为新建机房，采用数据中心机房 B 级标准设计。中心采用微模块方案，采用"N 机柜+1 配电柜+（N+1）风水冷组合"微模块方案。

2. 备用中心

备用中心无冷水机组条件，为既有控制中心，中心采用"N 机柜+1 配电柜+3 风冷组合"微模块方案，且需对相关设备用房、0.4 kV 开关柜室进行改造，增设双电源切换箱满足线网云平台备用中心及线网能源管理云平台的使用需求。

2 线网指挥中心系统

2.1 功能要点

线网指挥中心负责协调九大中心的功能定位,如图 2-1 所示,与线网通信系统、线网乘客信息系统、线网清分系统、线网编播中心、线网安防系统、线网安检系统等共同打造线网智慧管控平台。

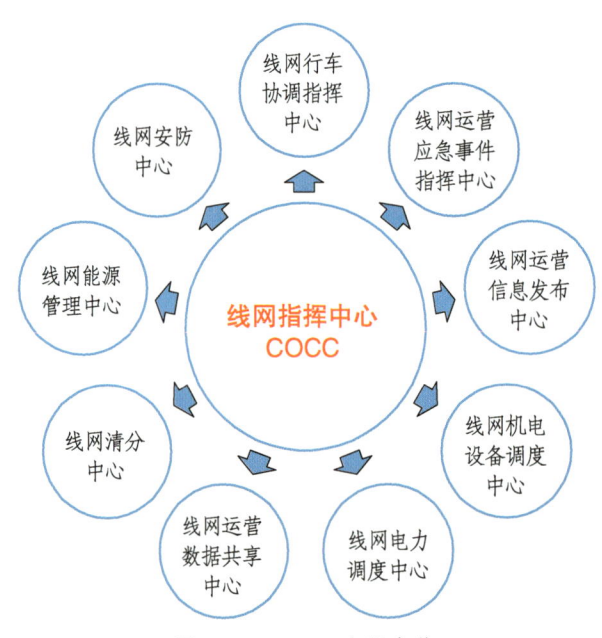

图 2-1 COCC 功能定位

其功能包括:
(1)跨线路日常智能指挥。
(2)跨线路应急智能处置。
(3)多线路全面的智能对标。
(4)轨道交通与外部联络的智能纽带。
(5)线网实施规模:14 条线规模线网指挥中心系统。
(6)定位:只"监"不"控"。

线网安防中心由线网安防平台实现。线网清分中心由票务系统实现。其余中心由线网指挥中心系统实现。

2.1.1 行车协调指挥中心

1. 行车调度功能

行车调度功能包括：线网日常运营监督、跨线路的运营协调；应急情况跨线路应急联动协调，人工手动下达涉及跨线路行车组织、协调指令。

2. 乘客调度功能

乘客调度功能包括：列车乘客求助服务、线网下达指令到线路由线路下发车站/列车广播、车站/列车视频监视（线网通信系统实现）。

3. 客流调度功能

客流调度功能包括：客运人力调度、客运组织方案、客流预测、关键位置客流、客流分析。

4. 车辆维调功能

车辆维调功能包括：车辆状态进行监视，编制事故抢修、灾害救援方案及处理预案（车辆运维系统实现）。

2.1.2 线网运营应急事件指挥中心

线网运营应急事件指挥中心通过对外服务云建立与企业外部单位的接口（气象、应急办、消防、公安等），完成向上级报告、与外部协同、对内应急联动的功能。

新建线通过智慧管控平台，既有线通过中央总调工作站，形成一体化应急体系。

基于大数据平台建立生产数据、企业外部数据（气象、站点周边资讯、地图、舆情等）、企业内部管理（通讯录、人员定位、物资）等数据融合应急事件指挥中心，形成事前预警、事中处置、事后评估的一体化应急体系。

（1）事前预警：历史数据分析预警、外部（气象、雾霾、地震等）数据预警等。

（2）事中处置：应急处置功能（防汛、台风、火灾、公共安全、地震、雾霾等）、决策支持。

（3）事后评估：突发事件评估功能（危害程度、等级、建议/已采取措施、主因分析等）。

2.1.3 线网运营信息发布中心

线网运营信息发布中心实现如下功能。

1. 两个工况信息发布

（1）正常运营情况下的信息（消防、安防等）报送。
（2）紧急事件情况下的信息发布报送。

2. 多对象信息发布

（1）面向企业外部事务主管单位：应急办、消防、公安等。
（2）面向同级或上级其他交通部门：城际、交委、公交、机场等。
（3）面向内部运营人员。
（4）面向乘客。

3. 信息发布手段

（1）对外：专网通信（对外服务网专网报送）、企业官网（内部管理网企业OA）等信息报送及发布。
（2）对内：线上App（对外服务网互联网区报送）、线下设备（智慧管控平台、手持移动平板）、OA等信息发布。

2.1.4 线网机电设备调度中心

线网机电设备调度中心通过线路级综合监控系统接收系统设备信息，通过骨干网接收智能运维系统信息，采用三层架构进行调度管理，线网只监不控，主要负责设备/环境参数监视、由线路下发区间环控/火灾模式、线路下发维修调度等业务需求。

线网调度根据划分区域对多条线路进行机电设备及维修进行管理。

2.1.5 线网电力调度中心

线网电力调度中心由两部分组成，分别为线网主变电所电力调度中心和多线路电力调度中心。

线网主变电所电力调度中心负责全线网主变电所以及与上级地调的衔接，多线路电力调度负责各线路变电所电力调度，多线路电力调度宜按区域、多线路进行管理。

线网电力调度中心功能与原各线路OCC（Operation Control Center，运行控制中心）的电力调度中心功能基本一致。

2.1.6 线网能源管理中心

线网能源管理中心监视全线网能耗质量，对能耗数据进行分析，依托大数据平台生成节能运行建议。其功能包括：

（1）能耗分析：能耗模型分析、节能运行建议、能耗排名、能耗报表。

（2）能效评估：基于多级指标体系，分级定量刻画系统能耗情况，助力精细化管理。进行节能效果测量及验证用能预测。

（3）用能监控：利用 2D/3D 可视化能耗数据展示即时直观了解用能情况，实现对能馈系统、新能源系统、电能质量设备的监控。

（4）用能安全：异常用能检测、设置状态检测、系统告警查询。

（5）系统维护：系统安全维护、能源价格维护、时钟对时。

2.2 系统构成要点

线网指挥中心系统包括：接入平台、数据处理平台、人机交互平台、辅助系统。

1. 接入平台构成要点

接入平台负责对接入系统进行接口管理和数据采集的预处理，主要由接入交换机和接口服务器（云平台提供）构成。接入交换机负责连接各线路各专业部署在 OCC 的接口设备和线网云平台内部网络中的线网指挥中心系统虚拟逻辑区。

2. 数据处理平台构成要点

数据平台负责对接入系统数据的采集、处理、运算和存储，主要设备均由线网云平台提供，主要包括数据处理服务器资源、存储资源和交换机等网络资源。

根据《城市轨道交通大数据平台技术规范》（T/CAMET 11003—2020）和《城市轨道交通线网运营指挥中心系统技术规范》（T/CAMET 11006—2020），线网指挥中心系统采用数据处理与应用软件分离的架构，即大数据平台作为数据处理平台的方案。

云平台提供 IaaS（Infrastructure as a Service，基础设施级服务）层资源、与大数据平台一同提供 PaaS（Platform as a Servile，平台级服务）层部分资源。

3. 人机交互平台构成要点

人机交互平台通过图形化界面向用户展示各系统监视数据和实现各类应用功能的 HMI（人机接口）显示。

人机交互平台主要由各类操作云桌面（线网云平台提供）、各线路报送终端、打印机、大屏幕显示系统、参观演示系统等外围设备构成。

大屏幕分区按多种模式进行部署：正常模式、参观模式、单线应急模式等。

4. 辅助系统构成要点

测试系统、网管系统、维修系统统一搭建在线网云平台上，系统仅部署应用。培训系统搭建在线网云平台仿真测试及培训平台上，系统仅部署应用。

2.3 信息安全要点

系统信息安全由线网云平台提供。信息安全防护主要由虚拟化防火墙、虚拟化入侵防御、虚拟化防病毒、虚拟化 Web 应用防护、虚拟化日志审计、虚拟化漏洞扫描、虚拟化堡垒机、虚拟化数据库审计、主机防护软件、安全监管平台等软件设备及云平台外部终端区域、接入区域的硬件防火墙构成。

2.4 COCC 与 OCC 的职能关系

COCC（线网指挥中心）与 OCC（运行控制中心）的基本职能划分原则如表 2-1 所示。

表 2-1 COCC 与 OCC 的基本职能划分

名称	COCC		OCC	
管理范围	市内所有轨道交通线路		所属运营线路	
运营控制范围	全面监视线网运作情况； 负责线网共用设施监控协调； 解决各线之间运行事务		负责本线路的关键系统，如行车、客流、供电、信号、环控设备、消防系统等	
对车站控制	通过控制中心获取车站信息，重点协调处理换乘车站事务		监控车站设备	
对内发放资讯	COCC 向各控制中心发放，各控制中心向线路发放		可向所属车站、列车、场段发放	
实现功能	状态	操作/责任	状态	操作/责任
生产管理	采集各线所有运行车辆、各设备系统的运行状态信息	实时、定时、需要时接收	发出采集指令	实时采集、上传	实时采集本线行车、各设备系统运营状态、CCTV 信息；负责数据整合处理上传至 COCC

续表

名称			COCC		OCC	
生产管理		监视各线	实时	监视各线相关设备	实时	监控本线相关设备
		统计分析各类信息	统计功能	汇总各类信息并进行统计分析,并能返送至线路	本线	统计分析本线路各类信息,或直接接收COCC的统计信息返送
		制定轨道交通网统一的调度规则	接收、编制、下达	收集各控制中心的运营计划、各类重要活动及针对重大活动所编制的预案,制订轨道交通统一的调度规则	上传、接收、下达	上传运营计划、运营组织方案以及有针对性的预案;接收COCC下达的统一调度规则并下达执行
		协调管理	通报、下达	了解、协调各线路的运营组织方案,监督其兑现服务承诺;监视换乘站的运行,必要时进行协调;突发事件时,进行必要的协调	上传、接收、下达	接收COCC的通报,接受COCC的总体优化方案、预案,下达并执行。突发事件时,接受COCC的协调指挥,下达并执行
应急处理	日常准备	预案管理	接收、下达、制定	协调制定预警级别;审定轨道交通各运营线路突发事件应急预案;制定轨道交通突发事件总体协调应急预案	接收、编制	接收线网COCC制定的轨道交通预警级别,并细化级别定义;按市交通委专项应急指挥部办公室指示,制定相关的应急预案
		宣传教育演练	组织	应对轨道交通运营突发事件教育;培训应对突发事件的相关知识;定期演练,做好跨部门之间的协调配合及通信联络	实施	组织本系统应对轨道交通运营突发事件的宣传、教育,组织分项演练
	应急指挥		通报、联络接收、下达	启动预案,向市有关主管部门通报情况,联络消防、救护、抢险部门,接受市相关部门指令、下达指令至各线路控制中心	通报、接收、下达、实施	通报本线情况,接收线网指挥平台指令,下达执行各类指令、预案,实施具体指挥控制命令
	后期事宜		协调	协助相关部门处理善后工作,协调组织调查、评估	实施	进行善后工作,编写事件调查报告,提交及落实改进工作
	信息管理		组织、上传、下传	收集、分析、汇总各类轨道交通运营突发事件信息	接受	总结经验,吸取教训
信息共享		对各运营线路	接收、制作、下传	整理各线路信息、下传信息	接收、下传	接收来自COCC的各类信息,下传信息至各线车站、车辆
		对其他平台和部门主	制作、上传、编制	整理信息及数据,编制轨道交通网预案、上传资讯,提供决策依据	无	无

011

3 能源管理系统

能源管理系统是对能源相关设备进行分布式监控和集中管理，按照相关和规范要求，对现场监测点的数据进行存储、分析，实现对全线网的在线计量、监测，能耗统计分析、诊断、预测、预警、辅助决策等。

3.1 系统构成

基于云平台、大数据的能源管理系统包括能源线网中心、通信层及车站级数据采集设备。该系统部署在云平台生产域上，将车站、场段、主变电所以及控制中心内的供电表计、环控表计、水表数据，通过增设部分监控单元或监测点位，经由 PSCADA（电力监控）系统或 BAS（环境与设备监控）系统，待所有信息汇总后纳入站级 ISCS（综合监控）系统后，再通过云车站业务汇聚交换机上传至能源线网中心，能源线网中心服务器、工作站均由云平台提供，云平台同时还提供能源系统在各线路级中心的复示系统。通过本系统实现对全网能源数据的集中监管。

宁波市轨道交通 6、7、8 号线将站级 PSCADA 和 BAS 系统数据汇聚到站级 ISCS 传给控制中心线网云平台中的大数据平台后，再将相关能源管理数据传给线网能源云。能源管理系统架构如图 3-1 所示。

3 能源管理系统

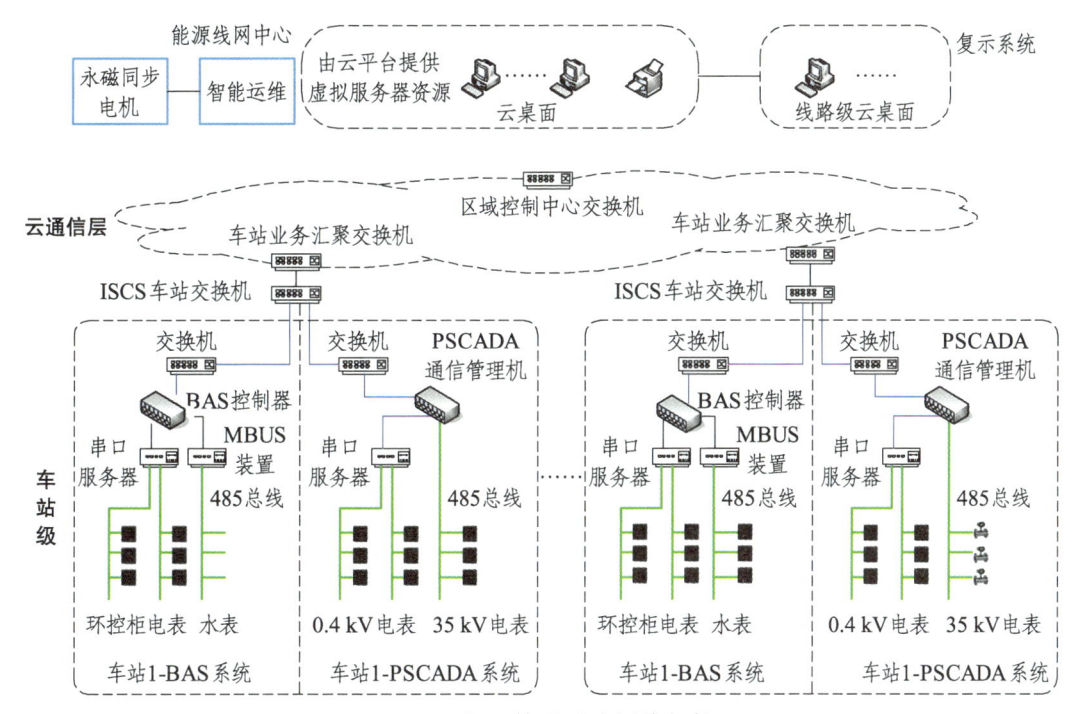

图3-1 能源管理系统新线架构

能源管理系统软件采用分层、分模块的设计方式实现，由下往上分为数据采集、网络、数据中心、综合业务应用、用户应用，如图3-2所示。

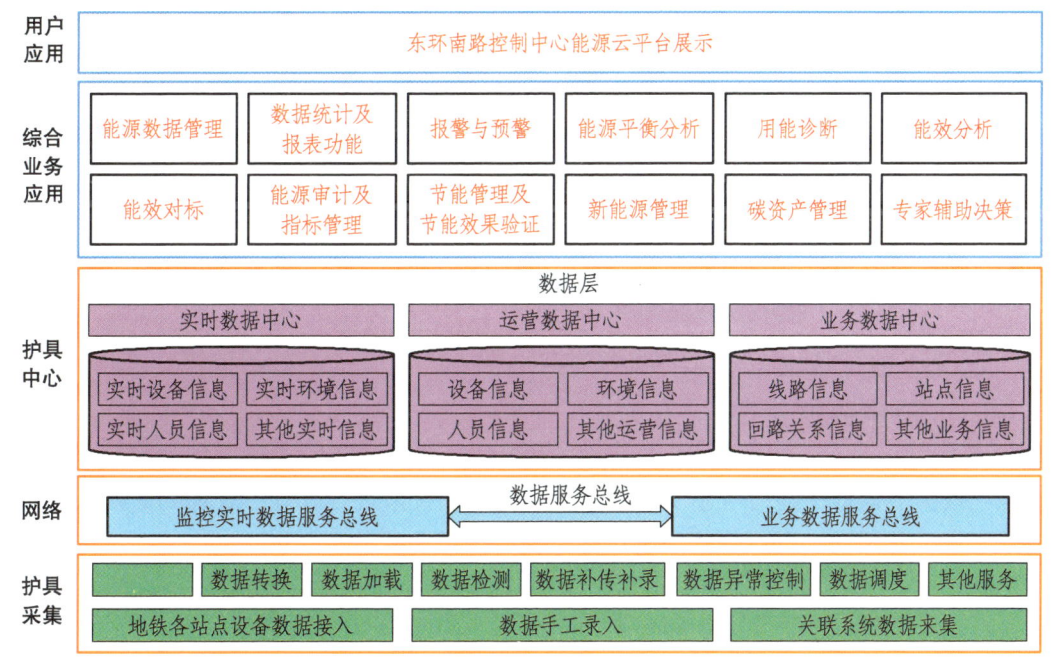

图3-2 能源管理系统软件架构

为构建以双向变流牵引供电技术、永磁同步技术、专用轨回流技术为基础的牵引侧"供

-用"协同一体化技术,探索以通风空调节能技术、智能照明技术为主体的车站节能新模式,研究基于云平台的能耗数据采集与分析系统,建立覆盖轨道交通各设备系统、生产运营各环节的能耗标准指标体系,打造资源节约、绿色低碳、智能高效的全国能源样板线,宁波轨道交通开展了基于云平台的智能能源管理系统示范工程。能源管理系统中的示范工程接入的系统项目如表3-1所示。

表3-1 能源管理系统中的示范工程接入的系统项目

序号	系统项目
1	宁奉线奉化停车场、1号线宝幢车站光伏系统能源数据接入
2	4号线专用轨回流能源数据接入
3	5号线一期前殷停车场(400 V开关柜、35 kV开关柜、远传水表、燃气)能源数据接入
4	3号线二期直流照明系统能源数据接入
5	4号线西延段地源热泵能源数据接入
6	5号线一期双向变流器能源数据接入 3号线二期双向变流器能源数据接入
7	5号线一期永磁同步电机能源数据接入
8	双桥(2、3、5号线共享)、甬兴主变电所(4、5号线共享)能源数据接入
9	5号线一期经堂庵跟车辆段(400 V开关柜、35 kV开关柜)能源数据接入
10	3号线二期高效节能通风空调系统能源数据接入
11	3号线二期0.4 kV开关柜能源数据接入
12	3号线二期35 kV开关柜能源数据接入

3.2 专用功能要求

3.2.1 能源数据管理

能耗数据、信息的查询与显示应根据用户的操作权限进行管理,查询到的能源数据及相关信息以柱状图、饼图、趋势曲线、表格等多种形式显示。

3.2.1.1 基础数据录入

能源管理系统提供线路及运营基本信息(客流、平均运距、车公里、总建筑面积、主体建筑面积、公共区面积、设备区面积等)的数据录入、存储功能,以及增加、修改、删除等维护功能。这些运营基础信息为后续计算车站、线路的能耗指标提供基础，车站信息数据在此基础上进行新增、编辑、删除。

3.2.1.2　能耗指标录入

能耗指标是指行业的能耗指标，管理系统提供操作界面显示能耗信息，同时支持信息的编辑功能。

3.2.1.3　能源数据采集

能耗数据采集以自动实时采集方式为主，人工采集方式为辅助方式。

人工采集方式采集的数据包括：轨道交通线路的基本情况信息（轨道交通车站面积、车辆段楼宇情况和其他不能通过自动实时方式采集的能耗数据）。

数据自动采集间隔不超过 1 min，数据存储间隔可根据实际需求进行灵活设置，最小存储间隔支持 5 min。

3.2.1.4　趋势管理

1. 实时趋势

实时曲线监控可以对车站的电能数据以及部分设备数据进行实时监控，曲线按照一定周期自动刷新，刷新频率为默认为 1 s，用户可选择不同的刷新频率；实时数据点位值通过设定的刷新频率，定时读取内存数据库数据点实时值获得。

2. 历史趋势

历史曲线可以对车站的电能数据以及部分设备数据进行历史数据查询，历史数据通过 DataHub 软件获取，用户可以自定义曲线颜色，自由选择需要查看对比的数据点，以及对曲线进行放大、缩小等操作。

3. 历史数据

1）电能数据查询

电能数据查询功能可显示车站所选择的回路，在查询时间段内记录的所有历史数据，包括电流、电压、功率、频率、谐波等；电能数据还支持历史数据修改；修改后的电能历史数据字体颜色标记为红色，用以区分实际采集的数据，系统同时将记录数据的修改历史保存到数据库中。

2）能耗数据查询

能耗数据查询功能可显示车站所选择的回路，在查询时间段内记录的所有能耗数据，包括有功、无功电度等；能耗数据同时支持历史数据修改；修改后的电能历史数据字体颜色标记为红色，用以区分实际采集的数据，系统同时记录数据的修改历史。

3）人工置数

人工置数功能可对回路的有功、无功电度手动设置偏移量，并记录和展示全线的置数历史记录。

3.2.2 数据统计及报表功能

能源管理系统对采集的数据进行能源分类、分项和分户统计，并以报表、柱状图、饼图、趋势曲线等形式呈现能源数据和信息。

3.2.2.1 数据统计

1. 数据存储与计算

能源管理系统每隔固定时间间隔（秒级）更新设备的模拟量状态。采集的数据，按照每分钟的粒度存储于数据库中，同时系统自动计算设备能耗数据包括：设备每小时能耗、设备每天能耗以及设备每月能耗。

2. 全线汇总

全线汇总主界面能够直观地显示全线所有车站的当天实时能耗情况，同时结合全线的牵引供电数据、客流量数据、行车密度数据等进行分析；其中客流量数据由 AFC（自动售票检票系统）通过大数据平台提供，行车密度数据由控制中心行调通过大数据平台提供。

3. 车站实时能耗

车站实时能耗功能是对车站的进线电表的电流、电压能耗以及电能质量进行实时监控，同时显示所选车站当天的分类能耗以及设备分组能耗数据。

4. 车站能耗统计

车站能耗统计功能展示在所选择时间段内，各个车站的总能耗柱状图中。

3.2.2.2 能源实时管理

能源实时管理系统提供界面，可以实时监控能源管理设备的状态信息，包括设备的实时数据、报警状态；同时提供车站分类能耗汇总界面，进行能源实时管理。

1. 分类能耗统计

分类能耗统计功能可查询各个车站在不同时间段内的分类能耗统计，以饼形图、分时柱状图等方式直观展示。

2. 回路能耗统计

回路能耗统计功能可查询各个车站在不同时间段内所选设备的分时、分日、分月能耗曲线图。

3. 指标分析统计

能源管理系统在采集到能耗数据后，根据录入的基础数据（车站面积、运营面积等），同时结合客流信息数据、行车数据，通过指标计算公式，统计出车站、线路等能耗指标，并与能耗值做分析对比，以表格、曲线图、饼图、柱状图等方式呈现。

3.2.2.3 报　表

系统将采集的能源管理子系统数据存储到历史数据平台，并自动生成报表供用户查询。所有报表支持数据导出和打印功能。

3.2.2.4 综合分析

费用分析：系统可对能耗费用的组成和各个时间段的费用、尖峰平谷的费用、阶梯费用等进行纵向、横向对比分析，从而为能耗费用管理提供翔实的数据支撑。

费用分摊：系统对能耗结算提供各种方法，可以将费用分摊给能耗节点的下属节点，支持包含按面积分摊和多用多分摊算法等多种分摊比例推荐算法。

3.2.3 报警与预警

该项功能主要是建立多种设备模型，根据设备用能数据进行分析与评估，为用户提供用能设备故障预警，作为用户设备全生命周期和大修、改造的数据支撑。

系统提供灵活、丰富的告警管理功能，用以对设备运行状态（如有功功率、电流、电压等参数超设定值）、仪表故障（如系统掉线、数据传输中断以及其他故障信号）、能耗超标（如能耗量、能耗指标超设定值）的预告警管理。

3.2.4 能源平衡分析

能源平衡分析包括各种能源的收入与支出的平衡分析，消耗与有效利用及损失之间的数量平衡分析，且主要作用是摸清企业客户耗能情况，弄清企业客户的能源构成及其来龙去脉，从而了解能源损失的大小与分布，损失的原因和存在的问题，以利于采取节能措施。

例如，在明确管网布局、水表上下级关系的情况下，可实现动态的水平衡误差计算，通过水平衡的分析实现对自来水管网状况的实时监测，以便及时发现管网跑、冒、滴、漏等异常状况，及时进行故障排查与报警处理，减少无谓消耗。

3.2.5 用能诊断

用能诊断应以系统提供的数据为依据，基于能耗数据的统计和分析，进行合理的用能程度、能源质量监测等。系统应根据环境温湿度、空调冷量等参数，对重点用能主体及重点能耗设备进行系统性的能效管理工作。

该系统可进行一键管理诊断，并对各种能耗数据、量化能耗指标进行分类排名、打分，包含能耗诊断、能效诊断、合理用能程度、能源质量监测、环境品质诊断等。

3.2.6 能效分析

能效分析对重点供电、机电能耗设备实施监测，通过采集的能耗数据、用能特征等信息，采用科学的数学模型计算并获取能效分析数据，对其能效指标进行评估，进行深入能效分析，挖掘节能潜力，为用能、节能策略的制定提供数据依据。

系统提供的综合能效分析主要是为管理人员提供有关轨道交通的能效数据结果和分析结论，注重整体能效状况和变化趋势的说明，一般包括轨道交通的当前时期的分类能效及成本费用、分项能效组成及所占比重、分类能效的逐月变化趋势、主要用能区域或设备的能效对比图表、同比以及环比的增减幅度、关键能效指标的统计结果，以及变化增长趋势等数据内容，通过丰富多样的图形化组件组态成为一份能效分析报告，确保管理人员能够直观、清晰地了解当前企业的真实能效状态和水平，辅助用户制定进一步的能源运行管理策略。用户可以根据所关注的对象和详细程度定义多份能效分析报告，并建立相互的关联关系。能效分析报告的内容完全通过组态方式实现个性化定制。

3.2.7 能效对标

能效对标是指企业为提高能效水平，与国际、国内同行业先进企业能效指标进行对比分析，确定能效标杆指标，通过节能管理和技术措施，达到能效标杆指标或更高能效指标水平的能源管理活动。

为了提高轨道交通线路能源管理水平，为管理者科学量化地制定能源定额管理指标提供可靠的依据，系统支持能效指标对标分析，支持对能效指标实际值与标准值、目标值、历史值等进行对比分析，支持对标准值和目标值的修正和管理，支持能效指标的超标告警。

3.2.8 能源审计及指标管理

能源审计及指标管理采用轨道交通各类能耗数据作为审计数据。需要将当前运营的线路能耗的既有年度、月度、逐日的数据汇总，与客流量、运营里程等数据进行配合计算，得到指标数据的标杆值，根据数据的逐步完善以及节能手段的实施进行标杆值的重新核定和修改。

同时，系统不断地将新测量的数据与标杆值进行对比，得出重点用能单位的节能潜力。

系统根据能源管理体系和各责任单位的具体能源消耗情况进行定量分析，并结合能源管理相应制度及节能控制指标对整个轨道交通及相关部门的能源利用效率、消耗水平、能源经济与环境效果进行审计、检测、诊断和评价。

3.2.9 节能管理及节能效果验证

该项功能对照能源利用存在的差距和问题提出节能措施，包括管理节能措施、结构节能措施和技术节能措施；通过对比和分析前、后能耗数据，定量判定节能效果，验证采取的节能方式、措施等是否达到预期的节能效果。

系统同时提供计划达标评估页面，供管理人员实时跟踪用能单位的实际用能与计划用能的偏差情况，帮助各用能单位挖掘节能潜力，达成或超越计划目标。

3.2.10 新能源管理

1. 光伏系统

光伏系统将分布式光伏电站能耗数据接入，主要包括电站的运行状态监控、故障诊断、用电结算以及数据分析。同时可以基于天气及日晷进行光伏发电量预测，制定能源计划。根据规范要求，上传给能源系统的数据应包含（但不限于）以下内容：母线的频率、电压、总有功功率、总无功功率等。

2. 地源热泵

地源热泵系统将地源热泵能耗数据接入，主要包括设备的运行状态监控、故障诊断、用电结算以及数据分析。

3. 能馈装置（双向变流器）

在直流牵引供电系统中，能馈装置负责把列车制动时产生的能量通过双向变流器回馈到轨道交通供电环网上。能源管理系统将能馈装置的数据接入，包括运行状态信息、回馈电量等，通过统计分析，得到整体运营用电（牵引用电）的预测，为牵引节能提供依据。

3.2.11 碳资产管理

结合国家双碳计划，建立健全碳排放管理体系，主要包括碳配额管理、碳排放核算、碳排放量预测、碳排放数据统计、碳排放预警以及碳排放履约等，汇总分析用户能耗及碳排放详细情况，为节能降碳管理提供数据支撑，辅助企业实现低碳管理。

能源管理系统中，所有电、水、气应折算成标准煤进行管理。

3.2.12 专家辅助决策

以轨道公司的历史能耗数据为基本依据，系统可通过预置的算法模型预测未来一段时间内各用能单位的能耗量，从而可制定相应的用能计划。

专家辅助决策可综合运用多种智能手段，实现对关键设备在线监测和分析，协助调度人员及早发现线路异常并采取措施。该系统应采用人机友好界面，以不同颜色直观显示断面运行状态，能够针对故障和运行方式的改变分析其原因，并给出恰当的稳定控制策略，维护系统稳定运行。

3.2.13 有序用电管理

有序用电管理包括以下3点：

（1）根据负荷预测结果，结合地区电价（包括峰电价、平电价、谷电价及其分布时段）、设备能效分析结果，提前制定并发布有序用电方案，实现错峰用电，降低用电成本。

（2）对有序用电方案实施过程进行监控。

（3）对有序用电方案实施效果进行统计分析。

3.3 能源云构成

3.3.1 构成原则

（1）能源云应根据宁波轨道交通业务管理模式，遵循"统一规划、合理布局、互联互通、资源共享"的原则，满足城市轨道交通各类业务系统运营及维护的需要。

（2）能源云应采用标准化的接口形式及协议，实现系统间的互联互通。

（3）能源云应根据业务系统特点及运营管理需求，按国家信息安全等保级别的相关规定分级分类进行设计和管理。

（4）能源云应根据系统服务质量要求采用必要的容灾方案，并符合可靠性、可用性、可维修性和安全性的要求。

3.3.2 总体部署规划

线网能源云部署在东环南控制中心，为线网能源管理系统提供计算、存储、网络、安全等资源。

线网能源云总体部署如图 3-3 所示。

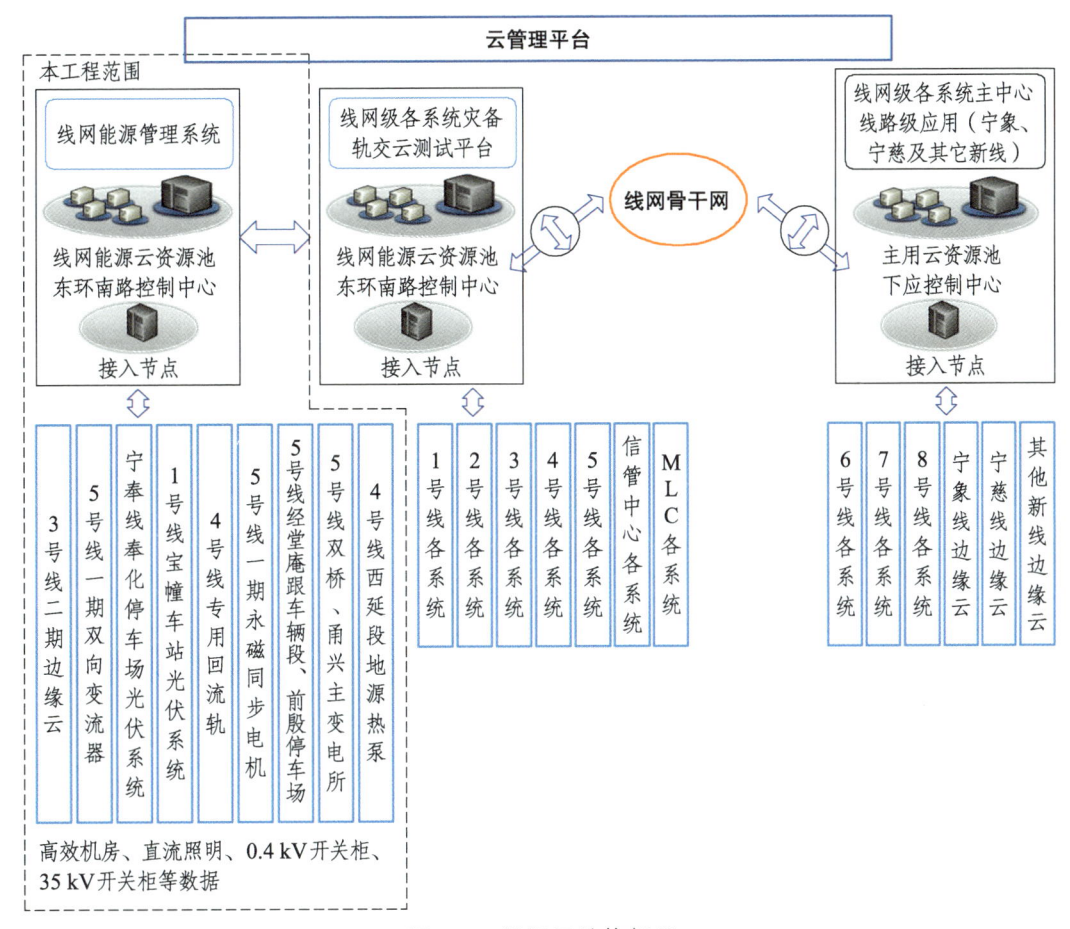

图 3-3 能源云总体部署

3.3.3 线网能源云

线网能源云主要为线网能源管理系统提供云基础资源服务，统一部署所需的计算、存储、网络资源，将能源管理系统应用服务所需的资源上移至虚拟资源中。另外，线网能源云同时为能源管理提供云桌面服务，满足能源中心调度员、运维人员、企业员工的云桌面服务需求。

线网能源云部署在东环南控制中心中，东环南控制中心主用资源池内设置核心交换区（所有区域数据交换中枢）、业务应用区（部署云主机等）、存储区（各类存储设备）、安全管理区（安全设备）、运营和运维区（云管平台）、业务备份区（关键业务备份）、站段接入区（内联区）（接入车站、段场数据）终端接入区（接各类操作终端）。线网能源云数据中心内部架构如图 3-4 所示。

东环南控制中心生产资源池

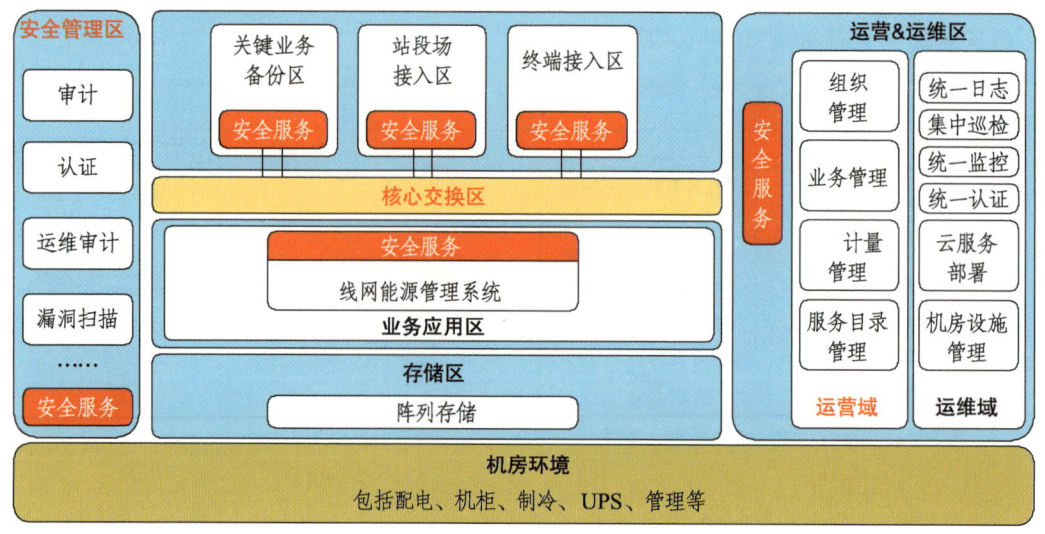

安全管理区					运营&运维区	
审计	关键业务备份区	站段场接入区	终端接入区		组织管理	统一日志
认证	安全服务	安全服务	安全服务	安全服务	业务管理	集中巡检
运维审计	**核心交换区**					统一监控
漏洞扫描	安全服务				计量管理	统一认证
……	线网能源管理系统					云服务部署
安全服务	**业务应用区**				服务目录管理	机房设施管理
	存储区				**运营域**	**运维域**
	阵列存储					

机房环境
包括配电、机柜、制冷、UPS、管理等

图 3-4　线网能源云数据中心内部架构

4 线网大数据平台

4.1 总体规划要点

线网大数据平台建设遵循宁波轨道交通智慧城轨信息化统一规划要求进行建设。建立大数据平台的目的是为五大领域、八大体系提供数据支撑（见图4-1）。

4.2 大数据平台架构要点

城轨信息化数据系统架构包含：源数据层、数据汇聚层、数据平台层、服务与工具层、应用层，如图4-2所示。

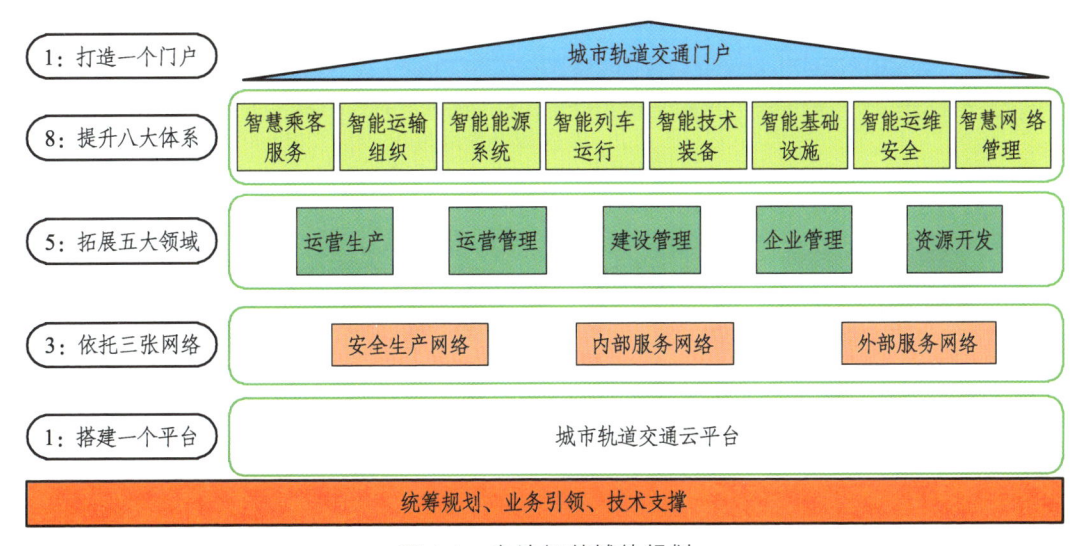

	城市轨道交通门户
1：打造一个门户	
8：提升八大体系	智慧乘客服务 / 智能运输组织 / 智能能源系统 / 智能列车运行 / 智能技术装备 / 智能基础设施 / 智能运维安全 / 智慧网络管理
5：拓展五大领域	运营生产 / 运营管理 / 建设管理 / 企业管理 / 资源开发
3：依托三张网络	安全生产网络 / 内部服务网络 / 外部服务网络
1：搭建一个平台	城市轨道交通云平台
	统筹规划、业务引领、技术支撑

图4-1 宁波智慧城轨规划

（1）源数据层：主要为数据平台提供数据来源，包括接入平台的设备系统。

（2）数据汇聚层：主要将数据平台接入设备汇聚的数据进行梳理及处理。

（3）数据平台层：主要负责数据的全生命周期管理和实时数据、周期性数据的分析、挖掘。

（4）服务与工具层：通过既定的业务模型支撑数据价值体现。

（5）应用层：数据价值的具体呈现。

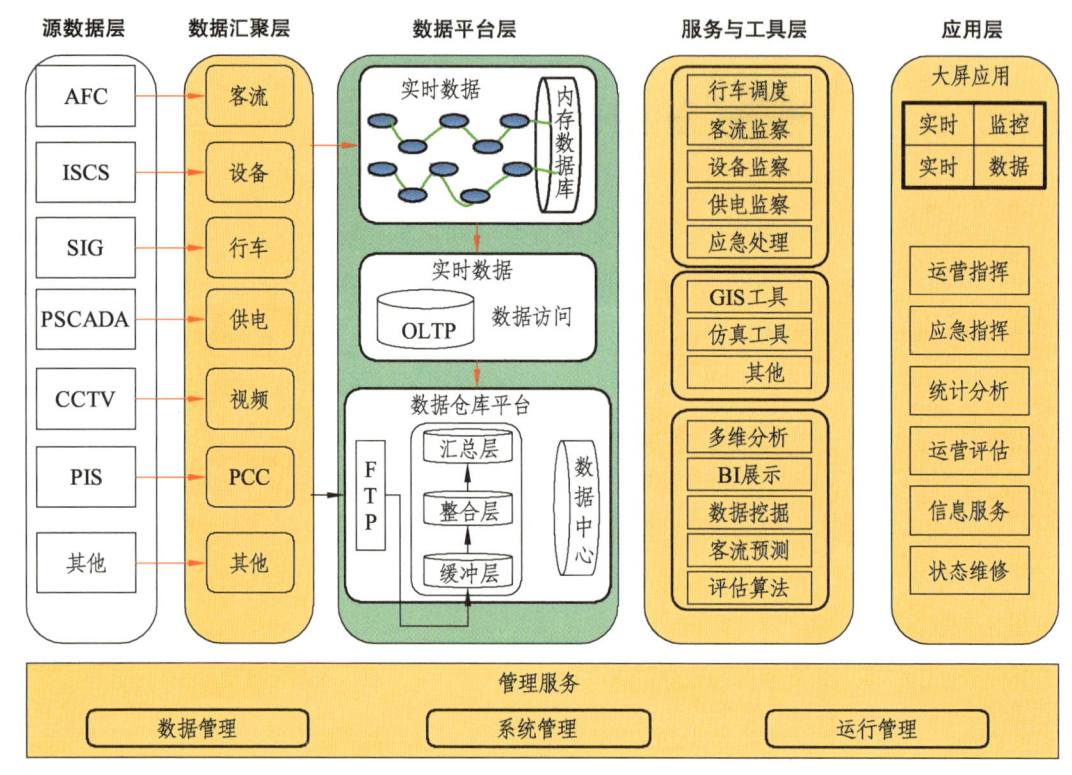

图 4-2　大数据平台架构

4.3　大数据平台处理层级选型要点

对数据实时响应要求高（如调度类）的应用采用传统架构，保证数据响应实时性要求，其他辅助决策、客运服务、安全管理、运维管理类的应用基于大数据平台构建，由大数据平台和云平台共同提供 PaaS 层通用应用组件（见图 4-3）。

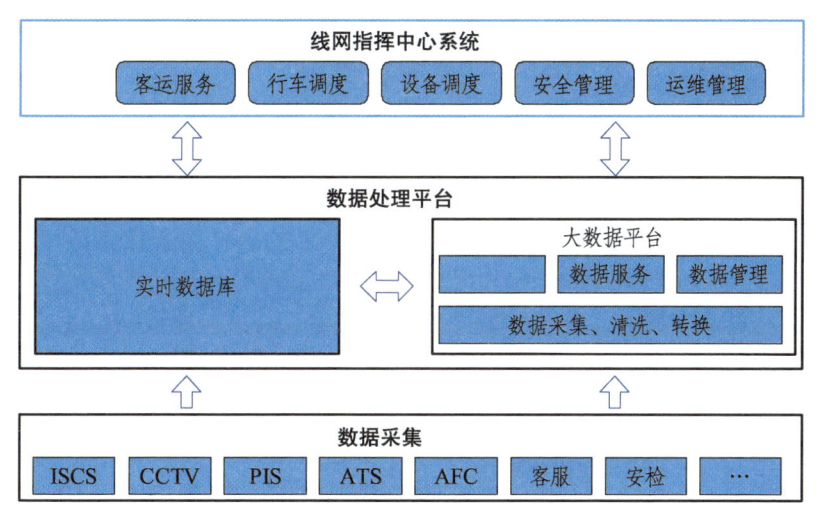

图 4-3 大数据+实时数据库的数据处理方式

4.4 大数据平台部署要点

大数据平台作为数据处理平台，服务应用涵盖运营生产、内部管理、对外服务，涉及三张网的服务，相关处理平台按如下方式部署。

（1）大数据系统主要承载于生产网，内部管理网和对外服务网按需承载，三网内按需进行管理节点和计算节点的部署。生产网与其他两网之间的数据中转通过数据共享平台实现。

（2）内部管理网与对外服务网之间采用防火墙进行逻辑隔离，生产网与对外服务网之间采用双向隔离网闸进行逻辑隔离。

4.5 大数据平台构成要点

大数据平台由数据集成层（含数据采集、数据处理、数据治理）、数据存储层、应用支撑层（含数据服务、业务服务）构成。

数据集成层完成数据采集、数据清洗、数据转换、数据治理等一系列数据处理流程，完成从源数据向大数据平台元数据、主数据的过渡，形成大数据平台内部统一的数据元。

数据存储层采用多制式存储，适配轨道交通行业内各类数据（结构化、非结构化、文本、音频、视频、二进制等），将不同种类的数据存储于大数据平台分布式数据库中，以便应用支撑层调取数据进行进一步的挖掘、分析、统计工作。

应用支撑层针对服务的业务应用定制各类分析、挖掘专题，开放数据检索、挖掘、分析、可视化等端口，以便上层业务应用调取。

5 线网通信系统

5.1 线网传输系统

（1）线网传输系统应能传递线网指挥中心（COCC）与各线运行控制中心（OCC）之间的各种信息；应能提供所需的业务接口，如 100/1000 M、10 GE、40 GE、100 GE 等接口。

（2）线网传输系统通过 2 条不同路由光缆资源组成冗余链路网络。

（3）线网传输系统应支持组播功能，实现乘客信息系统（PIS）、视频监视系统（CCTV）的组播。

（4）线网传输系统应具备网络自愈保护倒换功能，节点设备应有自愈功能，保护倒换应该在 50 ms 内完成（含业务端口的倒换）。

（5）线网传输系统的设备要求主控、交换、时钟、电源板等关键板件必须采用 1+1 热备份，所有板卡均具有热插拔功能。

（6）线网传输系统制式建议采用基于波分复用技术的光传送网（OTN）。

5.2 线网无线调度系统

线网无线调度系统具备如下功能：

5.2.1 调度监听功能

线网指挥中心无线调度系统对各线调度（OCC）进行实时监听工作。

5.2.2 应急通信功能

支持应急预案。

5.3　线网调度电话系统

（1）线网调度电话系统是为线网指挥中心（COCC）的指挥人员提供指挥手段、下达命令的重要通信工具，为COCC日常运营、应急指挥、维护管理等提供指挥手段的有线电话系统应迅速、直达，不允许与运营无关的其他用户接入该系统。COCC调度员可通过线网调度电话与宁波地铁线网任意控制中心、车站、场段进行语音通话。

（2）线网调度电话系统为COCC的调度值班人员提供单呼、组呼、全呼、紧急呼叫等调度功能。

（3）指挥中心的线网调度员可与任意多个分机用户通话，并可随时加入和拆除分机用户。总机可对分机间的通话进行监听、插话、强拆。

（4）线网调度员能利用线网调度台召开多方电话会议。

（5）线网调度电话系统建议采用软交换系统。

5.4　线网视频监视系统

线网视频监视系统建议由线网安防系统集成实现，满足对车站、场段、区间、车载视频的监视需求，主要实现以下功能（包含但不限于）：

1. 实时监视功能

（1）线网指挥中心中心调度员应能控制、选择设置在线网指挥中心调度大厅内的大屏幕上的视频监视区域。

（1）能监视、选择全线网各车站专、区间、场段视频监视系统任意一路视频图像。

（2）对视频监视区域进行以下两种模式选择：编程设置自动循环监视模式（可对已设置的固定组合监视区域进行自动循环监视，循环扫描间隔时间可人工设置）；编程设置人工单选监视模式（可对任意摄像机摄取的图像进行人工选择监视）。

（3）线网指挥中心相关人员可通过电子地图对任意摄像机摄取的图像进行选择监视。

（4）可实现视频图像的单画面和四画面调用监视。

2. 回放及检索功能

被授权人员可对相应视频存储设备内存储的图像进行回放、刻录（应配置刻录机）、能按记录的时间、日期范围、摄像机位置（编号）等信息进行分类图像检索。回放速度可调（以1~30帧/s可调速度回放，清楚的监视图像变化的每一个细节）。检索应以数据块的方式实现，可对图像进行随时实时检索回放。

3. 摄像机遥控功能

（1）在高级别操作员未占用时，低级别操作员可通过控制终端控制所辖范围内的任何一台可控摄像机的转动及其变焦镜头的焦距调节。

（2）视频显示器能显示云台被占用的情况。当云台被占用时应直接将占用者的信息直接叠加至视频图像，所显示内容应不遮挡有效监视范围。

（3）系统可设置云台的预置位，并可以把多个不同的预置位设置成巡航计划，使摄像机按照巡航计划对多个不同角度进行监控。

5.5 线网编播中心

在下应南控制中心新设两套核心交换机，容量满足宁波轨道交通 14 条线的设备接入；与东环南控制中心核心交换机通过线网传输链路实现视频直播流互为冗余备份。线路 PIS 交换机从编播中心核心交换机获取直播视频流。

6 控制中心工艺

6.1 工艺总述

（1）控制中心为宁波轨道交通线网指挥中心、各线路 OCC 的调度指挥中心（含线路 OCC 设备用房、线路调度指挥大厅和通号、机电及供电维修中心及线路运营人员等用房）、城轨云平台、票务中心、集团信息化中心、线网判图中心、门禁授权中心的所在地，是宁波市轨道交通实现网络化运营的协调指挥管理机构，管辖全宁波市轨道交通线网运营指挥及线路调度的规模和定位进行房间设置。

（2）线路 OCC 用房按照"充分整合、资源共享"原则进行工艺设计。

（3）OCC 调度大厅按 70 英寸 DLP 大屏幕阵列不间断连屏综合设计，主要服务于线路行车指挥、线网综合调度指挥、行车运营、乘客服务和综合维修等。

（4）调度大厅的调度台设置以集中控制、人机结合为原则，平面布置应按照行车指挥需要和运营模式来布置，并具有一定的灵活性。

（5）调度大厅附近应考虑调度人员的休息区域，并设置相应的配套设施。

（6）各类设备用房、电源室按 B 级进行设计。

（7）控制中心管理模式按设备集中管理实施，操作按各专业集中操作模式实施，实现调度集中，统一指挥。

（8）控制中心的建筑、结构、供电、通风空调、给排水、火灾自动报警和楼宇弱电等附属设施的设计应满足线网控制中心工艺要求和线路系统设备的工艺要求，并符合现行有关规范和标准的规定。

6.2 功能定位

1. 总体功能说明

控制中心作为宁波市轨道交通网络化运营的协调指挥管理机构，管辖全宁波市轨道交通线网运营指挥及线路调度指挥中心，对内作为宁波市各线路 OCC 调度指挥中心（含线路 OCC 设备用房、线路调度指挥大厅和通号、机电及供电维修中心及线路运营人员等用房）、城轨云平台系统、票务中心、集团信息化中心、线网判图中心、门禁授权中心所在地，对外可以作为地铁线路与其他城市公共交通的信息聚集点、协调指挥场所以及紧急情况下应急指挥所在地。

2. 线网指挥中心

线网指挥中心系统是协调、指挥、监督全市轨道交通线网的生产管理系统。线网指挥中心系统具有线网监管、协调指挥、应急处置及信息共享等主要功能，线网指挥中心机构的总体职能定位为：

（1）线网行车协调指挥中心。
（2）线网运营应急事件指挥中心。
（3）线网运营信息发布中心。
（4）线网机电设备调度中心。
（5）线网电力调度管理中心。
（6）线网运营数据共享中心。
（7）线网清分中心。
（8）线网能源管理中心。
（9）线网安防中心。

九大中心的职能由线网指挥中心系统（线网运营调度指挥、线网辅助决策、线网应急处置、线网乘客服务）、大数据平台、城轨云平台、线网通信系统、清分中心、编播中心、信息管理系统等共同实现。城轨云平台负责各线网级系统的基础设施建设，线网级系统均部署在城轨云平台上；大数据平台作为线网级系统非实时数据处理平台完成各线网系统对大量数据的采集—清洗—转换—处理—存储—治理—服务等全过程数据处理，也是线网级系统数据共享平台。

6.3　工艺方案

1. 主要功能设施

主要功能设施包括：
（1）设备机房、电源室、网络管理室、电缆井及附属用房。
（2）调度大厅内大屏幕显示系统。
（3）调度大厅调度台及附属设施。
（4）办公管理用房。

2. 云平台用房方案

随着宁波市轨道交通第三期建设规划，同步开展了线网级云平台设计，各线路根据云平台的整体规划在中心级由云平台承载计算、存储、网络和安全等硬件设备。

云平台按设备机房、电源室、网管室和其他辅助用房进行房间预留，并按两期进行房间规划。

3. OCC设备机房和网络管理室布置方案

OCC设备机房按线整合。

4. 工艺电缆井布置方案

工艺电缆井与楼宇电缆井分开设置，互不干扰。

5. 调度大厅大屏设置方案

调度大厅大屏幕显示系统采用70英寸16：9的DLP大屏显示单元，并按连屏设置，便于后续根据调度需求进行动态展示。大厅和调度台布置方案如图6-1所示。

6. 不间断电源大屏设置方案

控制中心为各线路OCC、云平台和各线网级系统提供电源室，并预留不间断电源的配电条件。

图 6-1 大厅和调度合布置方案

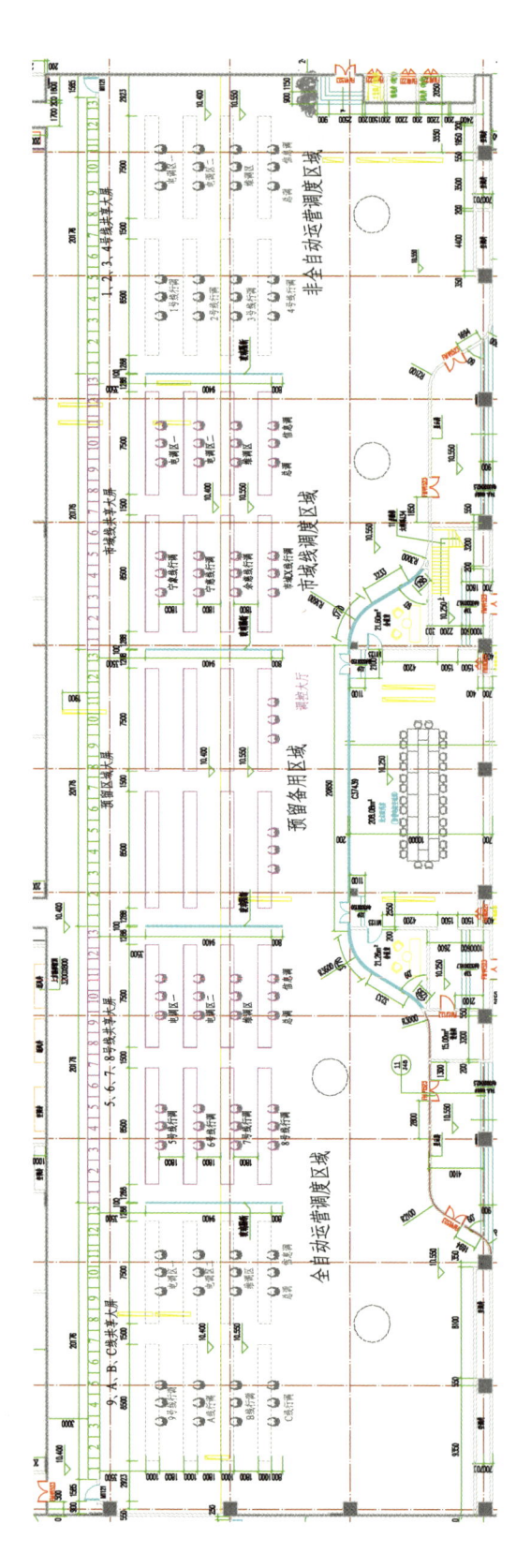

6.4 各专业提供条件

1. 楼板荷载

设备机房、网络管理室、调度大厅及相关设备用房的楼板荷载要求：均布荷载，不小于 8 kN/m²。

电源室的楼板荷载要求：均布荷载，不小于 12 kN/m²。

维修工区、弱电电缆间楼板荷载要求：不小于 6 kN/m²。

2. 防静电地板

控制中心设备层设备机房、网络管理室、电源室、培训室设置防静电地板，防静电地板的均布荷载：不小于 200 kN/m²，其下方的净空高度不小于 290 mm，不大于 300 mm。

调度大厅设置防静电地板，防静电地板的均布荷载：不小于 400 kN/m²。

3. 门窗

所有的设备用房均设置甲级密封防火防烟门窗，要求门向外疏散方向开启。

所有的设备用房门体尺寸为 1200 mm × 2300 mm（宽 × 高），其中调度大厅的门需要有隔音效果。

4. 消防

设备用房全部设置气体灭火系统，在设备用房的侧墙不得设置消火栓，如必须设置，由相关专业进行防漏水、渗水处理。

调度大厅、多媒体编辑室、运行图管理室因常有值班人员，采用其他自动灭火系统或对身体无害的其他灭火系统。

其他公共区域由消防专业根据需要设计消防设施即可。

5. 照明

设备用房的照明灯具位置应根据系统设备的位置进行设计调整，控制中心的设备机房及走廊应配有应急照明。

照度要求：设备用房的地面照度为 300 lx。调度大厅的调度台面（台面高度为 750 mm）的照度为 300 lx，要求调度大厅灯的照度可以调整，并无眩光。

6. 设备用电

控制中心系统用电为一级负荷，需两路独立的三相五线制交流电源（AC 380 V、50 Hz），由强电专业人员按线分别引至电源室。

7. 空　调

调度大厅设计温度：全年设置空调，冬季不低于20 °C，夏季不高于24 °C；显示大屏前后温差必须<5 °C，相对湿度（RH）为80%以下、不得冷凝结露。

设备用房设计温度：全年设置空调，温度应保持在 18～28 °C，湿度保持在 55×（1+10%），温度变化率小于10 °C/h，不得冷凝结露。

8. 其　他

设备机房的设备安装采用钢支架固定支撑安装，为确保设备安装平稳、整体统一，要求建筑专业在防静电地板下的地面应用水泥砂浆抹灰，地面平整、耐磨。

设备机房、电源室、网络管理室等处由动力照明专业人员分别设弱电系统综合接地体，接地电阻不大于1 Ω，并做好防雷设计。

6.5　与后续线路、系统的接口

（1）本控制中心为所有线网级系统（云平台、安防、门禁授权、票务、集中判图）提供设备用房，以及房间内的环境需求（云平台自带微模块）、楼宇需求、配电需求和接地需求等。

（2）为各线路提供设备用房，以及房间内环境需求楼宇需求、配电需求和接地需求等。

（3）调度大厅内为后续各系统、线路的大屏幕和调度台提供安装位置以及基本的布置示意图。

（4）后续线网系统、线路设计按本大楼预留好的条件进行本线设计和工艺布置。

7 通信系统

7.1 专用通信技术要点

1. 传输系统

（1）专用通信传输方案推荐采用分组增强型 OTN 方案。各条线路在每座车站、车辆段、停车场、控制中心设置传输节点，利用地下区间隧道两侧电缆支架或高架区间电缆槽内敷设的主干光缆，采用隔站相接的方式组成环路网，组成两个不小于 100 Gb/s 的两纤传输自愈保护环，相交于控制中心、车辆段。

（2）传输系统采用光纤数字环路网络结构，采用自愈环保护工作方式。

（3）当主环发生故障时，可在 50 ms 以内切换到备环，且不应影响系统的正常使用。

（4）传输系统需充分考虑后续工程的接入，并为后续工程的接入预留条件。

2. 公务电话系统

（1）公务电话系统采用软交换设备组网。中心交换设备作为宁波轨道交通线网公务电话系统的核心，实现宁波轨道交通线网公务电话业务的汇接，各接入节点设置在控制中心、车站、车辆段、停车场，负责本地公务电话业务的接入。

（2）新设软交换中心设备应充分考虑预留后续线路接入，具有平滑扩容升级的能力，并与既有公务电话系统实现互联互通。

3. 专用电话系统

（1）专用电话系统采用软交换设备组网，为主/备控制中心指挥人员提供专用直达通信，并且具有单呼、组呼、全呼、紧急呼叫和录音等功能，同时还能为站内各有关部门提供与车站值班员之间的直达通话，以及车站值班员与邻站值班员的直达通话。

（2）专用电话系统包括调度电话、站（场、段）内电话、站间电话、求助电话。

（3）与既有 1 至 5 号线换乘的换乘站，需在各线车控室互设直通电话。

4. 无线通信系统

（1）无线通信系统推荐采用 LTE 技术综合承载信号 CBTC（基于通信的列车自动控制

系统）业务、专用无线通信业务。核心网采用 A、B 双网架构方案，A 网配置 2 套核心网设备，B 网配置 1 套核心网设备。

（2）在区间上下行各敷设 2 根漏缆，通过合路方式，2 根漏缆同时承载 A 网和 B 网信号。

（3）时钟同步采用 GPS/北斗卫星导航系统作为主用时钟源，1588v2 时钟作为备用时钟源方案。

（4）新建线路的无线通信系统须与既有线 TETRA 和 LTE 系统实现互联互通。

5. 视频监视系统

（1）视频监控系统采用线网、线路、车站三级组网方式。

（2）视频监视系统采用高清方案，编码格式采用国际标准 H.264 或 H.265 协议，存储方式宜采用分布式云存储。在每个车站部署两套平台，专用视频监视系统平台负责设备区、区间的监控，公安视频监视系统平台负责公共区的监控。

（3）在车辆段、停车场全自动驾驶区域，须实现摄像机监控区域全覆盖。

（4）场段安防视频监视系统与正线视频监视系统保持一致。

（5）专用视频布置范围为每座车站的设备区走廊、楼梯、部分设备室及区间等位置。

6. 广播系统

（1）广播系统采用线路与车站二级组网方式。

（2）广播系统在出入口、站厅售票区、安检区、自动扶梯等特殊位置设置数字扬声器，站厅其余公共区、站台、设备区采用模拟扬声器。

7. 时钟系统

（1）时钟系统采用控制中心与车站、车辆段两级组网方式。控制中心的北斗/GPS 接收设备宜多条线路共用。

（2）时钟系统一级母钟与二级母钟之间采用 IEEE 1588v2 校时协议进行时间信号传送。

8. 电源及接地系统

（1）弱电系统采用交流不间断电源（UPS）供电方式，在控制中心设置弱电综合 UPS 设备为通信、信号、自动售检票、综合监控、门禁等系统提供交流不间断电源，在车站/场/段设置通号综合 UPS 为通信、信号系统提供交流不间断电源。UPS 系统采用双机双母线方案。

（2）电源系统应设置电池监测系统，实时监测电池的设备运营状态，记录和处理相关数据。

9. 集中录音系统

（1）宜在控制中心、车辆段、停车场及各车站设置集中录音设备。

（2）集中录音范围宜包含专用电话、广播和无线通信系统。

10. 无线生产网系统

在车站宜采用 WLAN（无线局域网）技术设置无线生产网。

7.2 公安通信技术要点

1. 公安传输系统

（1）公安传输系统宜设置骨干传输网、线路传输网二层结构，也可根据需要将骨干传输网与线路传输网合设。线路传输网宜采用环形结构，可灵活选择单环、相切环、相交环等多种拓扑结构。

（2）系统同步采用主从同步，在地铁公安分局设置 GPS/北斗卫星导航系统+bits 同步设备。以传输设备内部时钟源作为备用时钟源。传输系统设备需支持 IEEE 1588v2 时间同步协议，并具备该同步功能。

2. 公安及消防无线通信系统

公安无线宜采用 350 MHz PDT（警用数字集群）系统，消防无线宜采用同频同播，公安无线和消防无线系统共用天馈。

3. 公安视频监视系统

（1）公安视频监视系统负责车站公共区域的监控，专用视频监视系统负责车站非公共区域监控，公安、专用视频监视系统应能互相调看实时视频图像，可互相调看录像。

（2）车站公共区的布置范围为每座车站的站台、站厅、自动扶梯、客服中心、公共区自动售票机、闸机口、出入口、垂直电梯口等位置。

（3）视频监视系统采用高清方案，编码格式采用国际标准 H.264 或 H.265 协议，若与既有公安视频对接存在编码格式不一致须增加转码设备。系统优先选用不会因存储设备单点故障对摄像机的视频存储造成影响的设备。

4. 公安数据网络系统

公安数据网络宜按核心层、汇聚层和接入层三层网架构建设，形成轨道公安分局指挥中心、派出所和警务室三级组织架构。

5. 公安接处警系统

公安接处警系统须接入市局的接处警系统。同时在分局和派出所配置市局接处警系统的远端处警席，通过网络与市局接处警系统进行接口的统一，接收市局下发的接警任务单，完成处警工作。

6. 公安视频会议及指挥系统

（1）视频会议及指挥系统应接入全市公安三级网电视会议系统及视频指挥系统，满足市局与轨道交通公安分局电视会议及指挥中心之间的电视会议、视频指挥调度、图像传输等公安实战应用的需要。实现应急指挥、迅捷启动、快速执行、及时发布的目的，满足参加市局、省厅及公安部的电视会议的要求。

（2）各线路在其派出所（治安工作站）分别独立设置视频会议和视频指挥分系统，扩容接入分局视频会议及指挥主系统。

7. 电源及接地系统

（1）公安通信电源系统应采用不间断电源（UPS）方案。

（2）公安通信电源系统应设置电池监测系统，实时监测电池的设备运营状态，记录和处理相关数据。

8. 公安多媒体综合发布系统

公安通信系统在各新建警务室前设置LCD（液晶显示器）显示系统，依托多媒体网络技术，以计算机系统为核心，通过设置在警务室前的显示终端，让乘客及时准确地了解公共安全及警务信息的多媒体综合信息发布系统。

8 信号系统

8.1 全自动驾驶信号系统构成要点

信号系统由 ATS（列车自动监控）子系统、ATP（列车自动防护）子系统、ATO（列车自动运行）子系统和 CI（计算机联锁）子系统、DCS（数据通信系统）网络以及智能运维监测系统组成。按所处地域划分包括控制中心、车站及轨旁设备、车载设备和车辆基地设备。

（1）信号系统按全自动运行系统设计，全自动运行系统的建设等级宜为 GOA4 级，信号系统配置和功能应满足宁波市全自动运行系统的运营需求，并具备必需的多级降级运行的功能。

（2）正线和车辆段自动运行区具备全自动运行功能，具备休眠、唤醒、自动进出段/场、自动进站停车、自动开关门、自动发车、自动折返等全自动控制功能。

（3）信号系统设备应具有很高的安全性、可靠性和可用性，凡涉及行车安全的设备必须符合故障—安全原则，安全完整性水平应达到 SIL4 级，其安全性指标为信号系统安全设备导向危险侧的概率为 $10^{-9}/h$ 且 $<10^{-8}/h$。

（4）主要行车指挥设备的计算机系统应采用冗余设计，联锁、ATP 等安全设备的计算机系统应采用三取二或二乘二取二的安全冗余结构。

（5）ATS 设备、ATO 设备安全完整性水平应达到 SIL2 级，车载 ATO 设备、车载定位设备应满足冗余要求。

（6）新建线路的信号系统 ATS 界面显示、报警信息及相关功能应保持统一。

（7）信号系统的设备结构及软件功能应采用模块化配置，易于系统功能的扩展和升级。信号设备机柜进线方式应采用上走线，进线口应采用拱桥结构等方式防止渗漏水进入机柜。

（8）正线车站计算机联锁控制区域应根据联锁设备的控制距离确定，控制范围不应超过 6 km，且控制正线车站数量不应超过 4 座。相邻设备集中站控制车站的数量与控制距离宜均衡。

（9）正线终端站、非出入场（段）线接轨的中间折返站、配置停车线车站、与出入段/场线接轨车站应设置为设备集中站。道岔组数超过 3 组以上（含 3 组）的车站，应设置为设备集中站。

（10）信号系统应满足国家对信息系统安全等级保护的相关标准和规定的要求。信号系统信息安全防护等级参照三级进行建设。

8.1.1 控制中心

根据控制中心的工艺设计要求，在弱电综合设备室、中央控制室、运行图编辑室、模拟演示室等用房中设置相应的信号设备。

ATS 系统中央级的核心设备主要由通信服务器、应用服务器、数据库服务器、标准配置的计算机工作站、时刻表编辑工作站、网络设备、电源设备等构成。

在车辆段设置备用控制中心，备用控制中心与控制中心实现冗余热备和无缝切换，其核心设备采用冗余配置。

8.1.2 站级轨旁设备

1. 设备集中站室内设备

设备集中站室内设备主要设置：电子联锁设备、智能监测设备、ATP/ATO 设备、网络设备、ATS 分机设备、车-地通信设备、轨道空闲/占用检测设备、接口单元（含站台门等）、电缆柜、室内分线柜、开关柜、电源设备、防雷设备、UPS 及电池设备等，其中 UPS 和电池由通信系统整合，UPS 按双套冗余设计。

在设备集中站配置智能运维维护工作站，用于本联锁区内的信号设备故障报警及维护信息查询。

2. 非设备集中站室内设备

非设备集中站根据设备布置需求，主要设置 ATS 网络设备、电缆终端架（柜）、防雷设备、电源设备、UPS 及电池设备等，其中 UPS 和电池由通信系统整合，UPS 按双套冗余设计。

3. 车控室设备

设备集中站车站控制室主要设置。现地控制工作站，以实现本联锁区范围内的监视和控制功能。有道岔的非设备集中站车控室设置现地控制工作站，实现本联锁区范围的监视及本车站的控制功能。无道岔的非设备集中站车控室设置现地监视工作站，实现本联锁区范围内的监视功能，没有控制功能。

4. 车站设备

在站台端部设置发车指示器，正线各车站每侧站台设置 3 个站台再开关门按钮、紧急关闭按钮，位于站台门端门附近及站台中部区域（暂定）；大小交路站每侧站台设置 2 个清客确认按钮和 1 个自动折返按钮，位于站台门端门附近（暂定）。

信号系统根据运营需求设置人员防护开关（SPKS），一般分为上下行两个不同方向设置防护区域，存车线单独设置一个防护分区，工作人员进入区间时需转动相应防护区间的 SPKS，建立相应封锁区域，为工作人员提供可靠的安全防护，防止全自动驾驶列车进入人工作业区域或者在人工作业区域启动。

5. 轨行区设备

轨行区设备主要包括信号机、转辙机、计轴设备、轨旁车-地通信设备、列车精确定位设备。根据全自动驾驶需要，在正线折返线、存车线增加用于休眠/唤醒和列车定位的应答器设备。

8.1.3　车载设备

每套车载 ATC 设备包括：冗余配置的车载 ATP/ATO 计算机设备、操作显示器、测速设备、车-地无线通信设备、各类天线、休眠/唤醒设备、主动障碍物检测系统、输入/输出接口设备等。

8.1.4　车辆基地设备

车辆基地信号设备包括车辆段/停车场信号楼设备、停车列检库设备、试车线设备、维修中心设备、培训中心设备和备用控制中心设备。

车辆基地需要设置轨旁 ATP/ATO 计算机设备，在咽喉区、洗车库、自动控制区域/非自动控制区域的转换轨、停车列检库内设置相应的应答器设备。

在停车列检库运转值班室内设置人员防护开关（SPKS）及相应表示灯的控制盘，ATS 相关工作站具有 SPKS 相关表示。原则上车辆基地自动控制区被划分成若干 SPKS 防护分区，停车列检库内区域每 2 股道设置一个防护分区，每个分区设置 2 个 SPKS 及指示灯；洗车库区域设置 1 个 SPKS；咽喉区出段线、入段线自动控制区域（停车列检库和洗车库区域除外）分别设置 1 个 SPKS。SPKS 的具体设置位置应可根据运营需求进行调整。

试车线新增用于全自动运行功能测试用的信号设备及相关应答器等。培训中心新增用于全自动运行功能培训用的人员防护开关、站台关门按钮等设备。试车线、培训中心、维修中心电源系统 UPS 设备按单套设计，并由通信系统提供。

8.1.5　智能运维系统

根据宁波市轨道交通智慧城轨顶层设计规划，系统可按照三层结构进行部署。顶层为线网运维平台（根据集团要求统筹部署）；第二层由 6 号线一期、7 号线、8 号线一期工程及其他线路各自的信号智能运维系统组成，按功能可划分为在线监测模块、健康分析模块、生产调度模块；最底层由各线路的信号设备监测设备及监测模块等组成。单线的智能运维设备设置于维修中心。

8.2 全自动驾驶信号系统功能的要点

1. ATS 主要功能

ATS 子系统是 ATC 系统的上层管理部分，负责监督、控制和调整列车间的有效运行，能根据客流量选定并维护运行图（时刻表），根据实际运行情况，自动或人工调整站停或区间运行时分，是保证地铁运输效率、提高服务质量的重要系统。

ATS 子系统主要功能如下：

线路监控功能	联动控制功能	调度员培训和模拟演示功能
列车监控功能	报警和状态监视	系统管理
列车运行控制及调整	列车运用计划及车辆管理	其他接口功能
时刻表/运行图管理	运营记录及回放	后备控制中心功能

2. ATP 子系统主要功能

ATP 子系统主要用于保证列车运行安全，由车载设备和地面设备组成，该子系统符合故障—安全的原则，并具有自检和自诊断能力。

ATP 子系统主要功能如下：

列车定位	人员防护开关	区域防护功能	列车紧急控制
列车防护	车门/站台门的监控	停稳监督	车载人机界面
紧急制动	运行方向和退行防护	列车完整性监督	时间同步功能
临时限速管理	无意识移动防护	轮径校正	维护功能

3. ATO 子系统主要功能

ATO 子系统是自动实现列车加速、调速、停车和车门开闭、提示等控制技术的总称，是自动控制列车运行的设备。ATO 子系统在 ATP 子系统的安全保护下，根据 ATS 子系统的指令，实现列车的自动驾驶、列车在区间运行的自动调整功能以及站台精确停车，确保达到要求的行车间隔、旅行速度及乘车舒适度要求，并实现列车的节能控制等。其主要功能包括：列车休眠、列车唤醒、自动驾驶、车门和站台门管理、精确停车、停准调整、自动启动与车站发车、区间运行、自动折返、提前发车、扣车、跳停、清客、接口功能等。

8　信号系统

ATO 子系统由车载设备和地面设备组成，其主要功能如下：

列车休眠、唤醒	自动启动与车站发车	扣车	维护诊断功能
自动驾驶功能	区间运行	跳停	
车门和站台门管理	自动折返	清客	
精确停车	提前发车	列车工况及车辆相关功能	

4. 计算机联锁子系统主要功能

计算机联锁子系统是保证列车运行安全的设备，是实现列车进路上道岔、信号机、轨道区段正确的制约关系和工作顺序的信号子系统，因此必须满足故障—安全原则。正线车站的联锁设备均采用计算机联锁，采用的计算机联锁设备必须具有成熟运用经验，必须经过有关权威机构的安全测试认证，并满足本工程所有联锁和接口要求。

计算机联锁系统除能保证实现列车进路上道岔、信号机、轨道区段间正确的联锁关系以及系统的自诊断、故障报警外，还应具有下列功能：

进路控制功能	区段故障解锁	道岔控制功能	维护功能
轨道区段检测功能	信号机控制功能	人员防护开关控制功能	

5. 数据通信子系统主要功能

数据通信子系统（DCS）实现的功能主要包括：CBTC 各子系统之间双向可靠数据通信、网络安全、网络管理和维护等。DCS 子系统主要功能如下：

双向可靠数据通信	网络安全	网络管理和维护

6. 试车线设备主要功能

试车线具备列车自动唤醒、自动休眠功能及远程唤醒、远程休眠功能。

在车载设备维修、更换后或必要时，可通过试车工作站或操作盘，在试车线上对车载设备进行各类测试和实验。

7. 培训子系统主要功能

信号培训系统主要用于对信号维护人员进行全自动运行系统功能和原理的培训，维护人员应掌握全自动运行系统设备的工作原理、设备性能、故障识别和处理，保证轨道交通系统的正常运营。

维修人员通过实物操作、实际故障设置及排除等训练，最终能够正确使用测量工具，掌握基本维修操作技能和预防措施，能够识别、分析并排除每项故障，更换硬件模块等。

8. 智能运维子系统主要功能

单线的维护监测子系统设备包括维修中心设备、集中站和车辆段/停车场计算机监测设备、各维修工作站及维修网络等。它利用计算机、网络和通信技术，完成对信号系统设备的状态集中监视和报警，实时监测信号设备的使用情况，定位故障地点，分析故障原因，统计故障时间，为实现信号系统设备"状态修"创造条件。

9. 全自动运行系统新增功能

为适应全自动运行的需求，提高系统冗余设计和 ATO、ATS 的安全完整性等级要求，满足全自动运行高安全性、可靠性的需要，信号系统需具备更高的冗余度和多重降级能力。因此，新增了以下全自动驾驶功能：

休眠、唤醒功能	自动上电功能	远程操作功能	列车远程监控功能
全自动无人驾驶的控制功能	对全自动运行区域的防护	清扫功能	站台门、车门对位隔离功能
自动洗车功能	障碍物检测功能	列车清客	增强应急运行方式
跳跃功能	远程自动重启	远程限制运行	列车工况管理
点动对位自动调整	蠕动驾驶模式	列车工况及鸣笛管理	

8.3 全自动驾驶对车辆基地的技术要点

1. 车辆基地控制区划分

（1）自动控制区包含停车列检库、洗车库及咽喉区，其余设施位于非自动控制区。

（2）自动控制区和非自动控制区之间采用严格的物理隔离，出入口设置门禁。

（3）自动控制区与非自动控制区之间设置驾驶模式转换区，具备全自动运行模式与人工驾驶模式转换的线路宜为牵出线。

（4）自动控制区被划分成若干防护分区，各防护分区间应设置物理隔离，每个防护分区出入口设置门禁，并设置人员防护开关指示灯，由车辆段/停车场信号系统为各防护分区建立逻辑防护。

（5）停车列检库宜每 2 股道设置为 1 个物理分区，分区之间通过库前或库中地下通道或库后平交道贯通全库的人行走廊联通，并在通往各防护分区的出入口处设置门禁，控制人员的进出。清扫、列检或司机等人员可通过人行走廊，经过门禁系统按不同身份权限授权进入目标分区。

2. 相关轨道长度

车辆基地内停车列检库、自动控制区域/非自动控制区域转换轨、洗车库需考虑信号

ATP安全防护距离，增加相应长度。

（1）停车列检库内每股道的长度需考虑列车距信号机的瞭望距离、列车长度、安全保护距离长度。停车列检库、周/月检库库线停车点至车挡（不含车挡长度距离）应不小于15 m，如图8-1所示。

图8-1 停车点至库尾车当面长度需求

双列位的停车列检库、周/月检库库线A股停车点至B股停车点距离均应不小于远期最大列车长度加20 m，如图8-2所示。

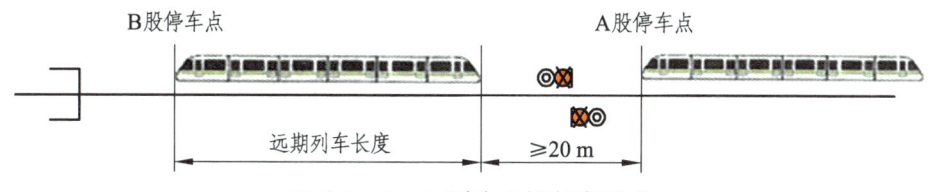

图8-2 A、B列位之间长度需求

（2）自动控制区域/非自动控制区域转换轨长度，应不小于远期最大列车长度 + 50 m。

（3）洗车库两端线路各自的有效长，应不小于远期最大列车长度 + 20 m。

（4）牵出线有效长度应不小于远期列车长度+工程车总长度+20 m（20 m包含前行列车因故退行距离5 m和安全防护距离15 m）。

（5）若工程车装备ATP车载设备时，工程车线有效长度应不小于工程车总长度+15 m+20 m。

3. 洗车线布置

洗车线的布置型式一般有咽喉区通过式、与运用库并列通过式、咽喉区八字线通过式、尽头线往复式等几种典型的布置型式。

9 综合监控系统

9.1 系统网络及设计要点

（1）综合监控系统采用两级管理三级控制的分层分布式结构，两级管理分别是中央级和车站级，三级控制分别是中央级、车站级和现场级。控制中心通过主干网络汇集所有车站级监控系统的信息。

（2）综合监控系统按照《中国城市轨道交通智慧城轨发展纲要》的要求，实现场景化、智能化、人性化的机电设备监控、调度指挥、车站管理、维修管理及车站事务管理等。

（3）综合监控系统宜采用通信系统组建的全线通信骨干网络所提供的独立信道组建综合监控系统全线骨干网络。

（4）综合监控系统在全自动运行线路中，调度台宜统一设置工作站。

（5）综合监控系统宜结合列车自动监控、电力及环控系统架构实现其智能化调度和辅助决策功能。

（6）综合监控系统宜统一其工作站显示界面风格、报警信息展示原则及功能建设标准。

（7）综合监控系统在控制中心宜采用智能调度方式实现各系统调度功能。

（8）综合监控系统在控制中心调度台设置宜根据各专业特点，结合调度管理要求原则设置调度台，宜采用坐席管理系统优化调度管理功能。

9.2 车站级要点

1. 车 站

（1）综合监控系统应采用统一的软件开发平台，统一的数据库平台，应用软件采用模块化结构，采用统一的人机界面，系统应易于扩充。车站级综合监控系统应统一协调、监控车站级智慧化功能。

（2）综合监控系统在全自动运行线路中，与信号系统采用深度互联。

（3）综合监控系统在车站级宜集成电气火灾报警系统和消防电源监视系统。

（4）除信号专业外的车控室内各专业显示器宜尽可能整合。

2. IBP 盘面布置

（1）车站 IBP 盘面从观察窗位置开始起顺序依次宜为信号、站台门、隧道通风、车站环控、消防水泵、闸机、门禁、自动扶梯、非消防电源、防淹门。

（2）车站 IBP 盘面所有分区左右方向与车站信号区域左右线方案保持一致，同时宜与车站行车方向一致。

（3）全自动运行线路 IBP 盘面在信号区域设置 SPKS 防护开关。

9.3 段场要点

1. 设备室

在车辆段、停车场设置综合监控设备用房，该设备用房宜与消防控制室（安防控制室）、通信设备室、DCC 控制室在同一单体建筑内。

2. 培训系统

综合监控培训系统宜与 FAS（火灾报警系统）培训系统、BAS（环境与设备监控系统）培训系统安装于同一设备用房，设置培训 IBP 盘，通过与 FAS 培训系统、BAS 培训系统通信实现以综合监控培训系统为核心的一系列联动培训功能，强化运营人员技能培训。

9.4 车控室一体化方案

（1）车站控制室总面积不小于 45 m^2，其中观察窗侧为短边，且不宜小于 6 m。

（2）车站控制 IBP 盘与功能性设施宜采用设置智慧大屏的智能化车控室，并优先采用坐席管理系统。对车控室内 IBP 盘、临窗台、办公桌椅柜、各专业在车控室内布置位置采用一体化设计。

（3）车站控制室内 IBP 盘宜采用后维修方式，在 IBP 盘面上或 IBP 盘对侧墙体上宜安装大屏设备，用于展示车站智慧化数据信息。

9.5 主变电站方案

主变电站电力监控系统通过光缆宜接入邻近站级综合监控系统，纳入邻近车站统一管理。共享主变电所的调度权由先建线路负责，其他线路按照只监不控的原则，即针对共享主变电所，综合监控系统接收主变电站进线端及馈线端相应主变数据信息并具备控制权限，后续线路综合监控系统仅接收主变电站进线端及馈线端相应主变数据信息。

9.6 感温光纤设置方案

感温光纤宜采用分布式光纤测温系统，其主机采用逐站设置，在车站两侧区间上下行各敷设一根感温光纤。每台主机的回路数不宜小于4路，每路的探测距离不宜小于4 km。

9.7 智慧化功能

（1）智慧车站宜建设车站三维场景实现车站各功能模块的全息感知，同时建立车站结构模型。

（2）车站三维场景应具备动态维护功能，确保车站三维场景与实际车站布局的实时同步；同时宜具备有权限的自定义编辑功能，确保后期实际车站改造较小等，以便运营人员可以自行编辑修改。

（3）综合监控系统实现对车站客流分布数据、车站机电设备运行状态数据和车站环境参数的全息感知。

（4）综合监控系统接收线网客流预测信息，接收如天气预报、赛事活动大客流预警信息等影响地铁运营的重要信息，可搭载在移动终端上。

10 火灾自动报警系统

10.1 系统网络及中央级要点

FAS（火灾报警系统）利用综合监控系统的骨干传输网络作为其全线信息传输通道，火灾报警控制器通过以太网接口接入车站综合监控系统局域网，实现火灾自动报警系统在综合监控系统车站级的集成。FAS 在车站级集成于综合监控系统，FAS 系统中央级功能由综合监控系统统一实现。

10.2 车站级要点

1. 车站

（1）消火栓启泵按钮宜采用回路线连接，点灯线电源引自消防水泵控制箱。

（2）地下车站车控室内的火灾报警控制器为本站气体灭火系统配置监控回路。

2. 区间隧道

（1）区间隧道的火灾报警以区间中心里程为分界点分别纳入邻近的车站 FAS，区间设置手动报警按钮、电话插孔安装在疏散平台侧；区间消火栓按钮根据区间消防水系统方案设置，消火栓按钮安装在弱电侧。

（2）联络通道防火门开关状态由 FAS 系统监测。

3. 探测器

（1）车站 FAS 系统应能通过两个独立的报警触发装置报警信号的"与"逻辑组合自动确认火警。

（2）车站 FAS 系统探测器的布置应便于运营维护，便于检修、拆换；同时考虑防潮防水措施。

10.3 段场要点

1. 消防控制室

在车辆段、停车场集中合设一个消防控制室和安防监控室，该消防控制室内 FAS 系统设置集中型火灾报警控制器、手动控制盘、消防电话主机、消防广播主机，根据需要在其他建筑单体内设置区域型火灾报警控制器。各区域型火灾报警控制器与集中型火灾报警控制器通信环接。

2. 消防广播

FAS 系统在综合楼、维修楼等通信广播未覆盖区域设置专用消防广播，其他区域广播由通信系统设置，综合监控系统负责联动。

3. 探测器

（1）在车辆段、停车场超高空间的运用库、检修库、物资总库及调机工程车库宜设置吸气式感烟火灾探测器，若单体建筑吸气式感烟火灾探测器超过 2 套，则按单体建筑各自组网，在每个单体设置吸气式感烟探测器显示装置，方便运营查看该单体建筑吸气式感烟火灾探测器探测报警信息。吸气式感烟火灾探测器采样管采用与轨道平行的方式布置，并尽可能避开轨道正上方。

（2）在上盖的车辆段、停车场单体建筑与单体建筑之间的盖下区域，宜设置线型光束感烟探测器用于实现该区域的火灾探测联动报警功能。线型光束感烟探测器布置应结合通风空调联动模式，布置在需消防联动的盖下区域。

10.4 区间风井 FAS 设置方案

FAS 系统在区间风井宜采用区域型火灾报警控制器，该火灾报警控制器监控整个区间风井的 FAS 设备及气体灭火控制设备，通过光缆连接至邻近车站火灾自动报警系统，纳入邻近车站统一管理。

10.5 主变电站 FAS 接入方案

主变电站独立设置火灾报警控制器，该火灾报警控制器监控整个主变电站的 FAS 设备及气体灭火控制设备，通过光缆连接至邻近综合监控系统，统一管理。

10.6　FAS 消防电话设置方案

FAS 消防电话宜采用多线制。

10.7　消防联动控制分工原则

火灾自动报警及消防联动控制系统的主要分工原则如下：
（1）火灾报警：火灾信息由火灾自动报警系统提供。
（2）系统协调：火灾情况下，各系统之间的协调由综合监控系统实现。
（3）联动控制：车站消防广播、乘客信息系统等的联动控制由综合监控系统（ISCS）实现；涉及需要联动多个通风设备的联动控制由环境与设备监控系统（BAS）实现；所有专用消防设备的火灾联动控制由火灾自动报警系统（FAS）直接联动。火灾情况下，由 FAS 发送火灾确认信号及火灾模式给 BAS 及 ISCS。
（4）当设备处于自动控制远程控制状态，IBP 的控制具有最高优先级。

11 环境与设备监控系统

11.1 系统网络及中央级要点

BAS 采用二级管理三级控制，即中央级、车站级二级管理，中央级、车站级、就地级三级控制。

BAS 在车站级集成于综合监控系统，其中央级、车站级和主干网络的设备及功能均由综合监控系统统一实现。

11.2 车站级要点

1. 车　站

（1）地下车站采用双端冗余 PLC 控制器方案，高架车站采用单端冗余 PLC 控制器方案。

（2）段场宜采用单组冗余 PLC 控制器方案。

（3）BAS 系统宜监控车站出入口防盗卷帘门，执行综合监控系统一键开关站及其他相关控制模式指令。

（4）BAS 系统可通过通信接口或 RI/O（远程输入/输出）模块接口实现机电设备节能控制，同时接收机电设备的各故障状态信息，辅助机电智能运维决策。

（5）在车站公共区二氧化碳传感器安装高度宜为 2.2 m，温湿度传感器安装高度宜为 1.5 m。

（6）在车站或段场同一类机电设备数量众多且距离相对集中时，BAS 系统宜采用通信模块监控机电设备，接口协议宜采用通用 Modbus 协议；当同一类机电设备数量较少或较为分散时，BAS 系统宜采用 RI/O 模块监控机电设备。

（7）安装 BAS 系统箱柜、传感器等时，应便于运营维护，预留足够的保养维护空间。

（8）BAS 系统不宜为其他系统设备提供 UPS 电源。

2. 区间隧道

（1）区间隧道内用于监控区间水泵的 BAS 通信模块安装在区间水泵控制箱内，其光电转换模块电源由区间水泵控制箱负责提供。

（2）区间风井的 BAS 模块箱应采用 UPS 电源供电，通过光缆接入邻近车站 BAS 系统统一管理。

3. 组网方案

BAS 系统在车站级组网采用全以太网组网或全现场总线组网，全以太网组网配置交换机进行组网；全现场总线组网采用双总线方式通信组网。

11.3 段场要点

1. 组网方案

段场宜采用全以太网方案组网。

2. 消防水池监视

BAS 系统在车辆段、停车场消防水池实现水位实时监视，监视水位信息通过综合监控系统工作站在消防控制室内显示。

11.4 联动控制模式

（1）正常运行模式下，按照时间模式对车站照明进行自动监控，节能管理，完成对各类机电设备的状态、故障监视，并按照设定周期实时将现场采集的各类数据分组上传至车站级、中央级。

（2）阻塞运行模式下，控制环控系统设备向阻塞区间提供一定的送、排风量，保证列车空调冷凝器继续运行，维持列车内乘客能接受的热环境条件及新鲜空气条件。

（3）火灾运行模式下，BAS 系统接收火灾模式指令，控制所辖机电设备转入排烟等灾害运行工况。紧急情况下，可直接通过设在车站控制室紧急手动控制盘（IBP 盘）上的模式按钮完成灾害模式下的工况转换。其中非专用消防通风设备均由 BAS 系统负责控制和管理，同时在保证人员安全的情况下联动控制电梯、扶梯停止。

12 门禁系统

12.1 系统架构及模式要点

门禁系统采用三级管理三级控制，分层分布式结构，即线网级、中央级、车站级三级管理，中央级、车站级、就地级三级控制。

门禁系统运行模式分为在线、离线、灾害、维修4种模式，并且可根据不同情况进行转换。车站系统在紧急情况时可通过设置在车站控制室IBP盘上的门禁系统紧急按钮统一断电释放，释放期间保持就地控制器供电。

12.2 车站级要点

1. 车站级

（1）门禁系统在车站控制室IBP盘上应通过手自动转换装置实现手自动切换，该手自动转换装置由综合监控系统设置。

（2）门禁系统在车站宜采用单主控制器方案，在段场宜采用多主控制器方案。

（3）门禁系统网络宜采用环形网络或双总线网络。

（4）门禁系统就地控制器宜采用双门就地控制器方案。

（5）门禁系统在火灾情况下宜按区域进行门禁释放。

（6）门禁系统在车站、段场兼用防火门监控，在常闭防火门设置门磁开关，在常开防火门设置门磁开关、电磁释放器。

（7）门禁卡宜采用CPU加密卡，读卡器安装底盒采用专用底盒。

（8）设备区至地面紧急疏散通道门宜采用双向机电一体化锁，需根据装修及门的材质确定。

（9）在一个设备房有两扇门时，门禁读卡器优先安装在单门侧。门禁读卡器在气灭房间安装时，应与气灭控制器安装在同一扇门旁。

（10）出入口巡更读卡器宜安装在出入口防盗卷帘门控制器旁，需在装修时预留安装位置。

2. 锁　具

（1）在设备、管理用房等位置的普通钢制防火门宜采用单向机电一体化锁或电磁锁。

（2）在设备区与公共区之间的通道门宜采用电动推杆逃生装置。

（3）在 AFC 票务室、财务室宜采用双向机电一体化锁加带密码键盘读卡器或电磁锁加双向读卡器（内侧为普通读卡器，外侧为带密码键盘读卡器）。

（4）在地下车站站台层楼梯通道门宜采用双向机电一体化锁。

（5）在全自动运行线路中，车站通往区间的楼梯通道门、区间人防门旁的通道门，段场有人区与无人区之间的通道门宜采用电插锁或电磁锁，并与信号系统 SPKS 开关联动实现人员进出。

锁具安装方案如图 12-1～图 12-3 所示。

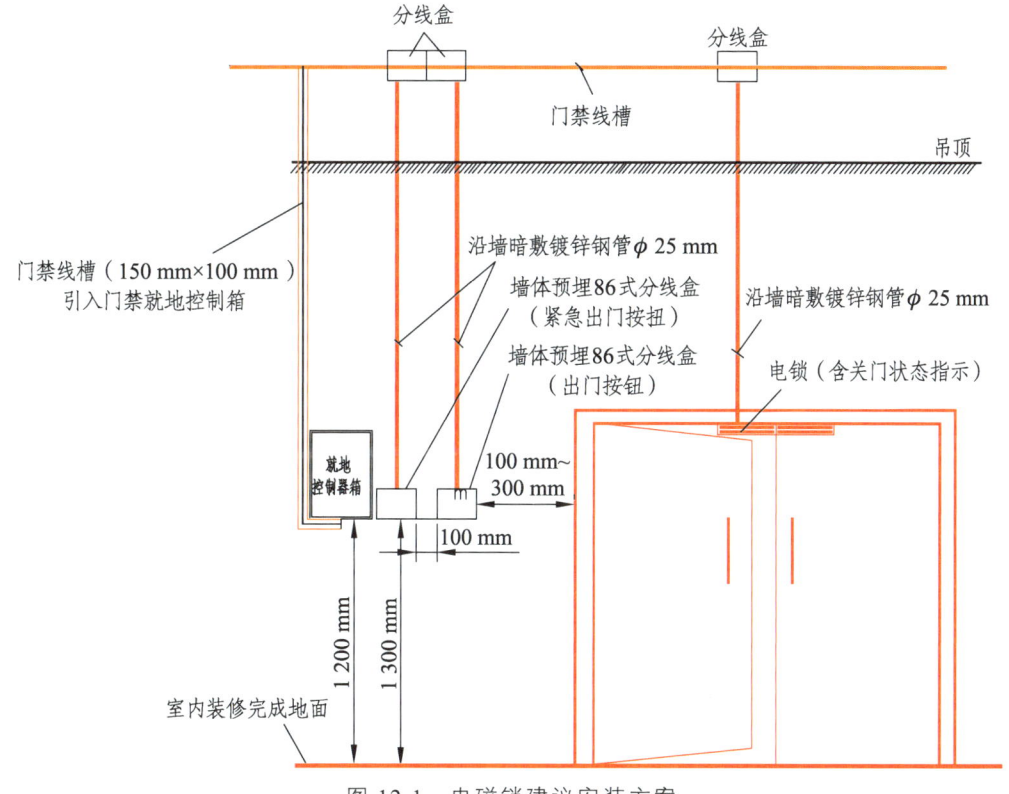

图 12-1　电磁锁建议安装方案

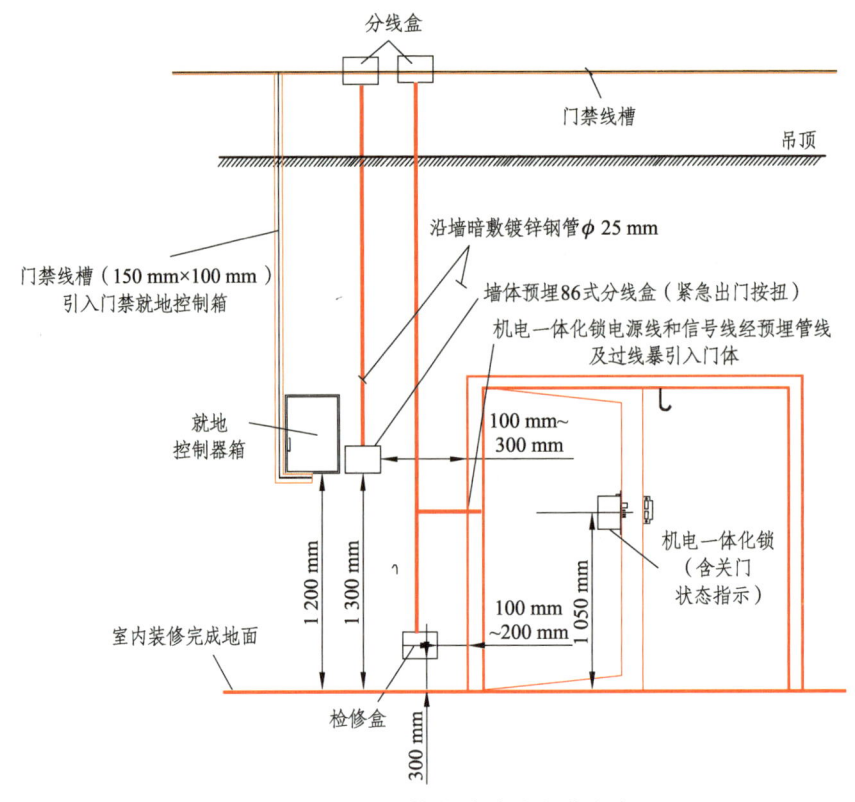

图 12-2　机电一体化锁建议安装方案

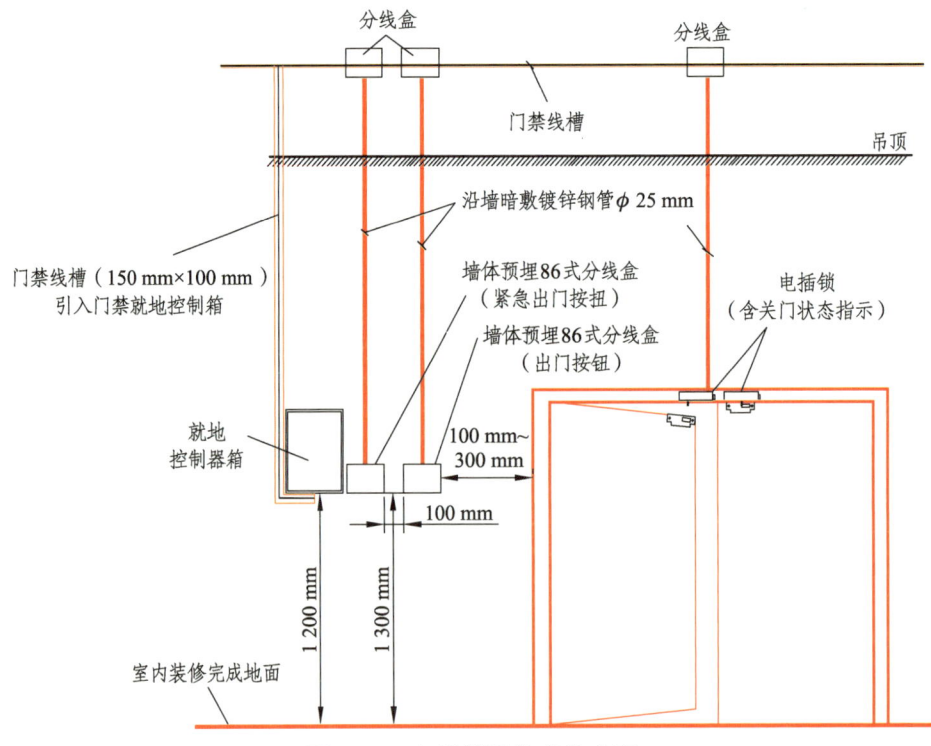

图 12-3　电插锁建议安装方案

12.3 区间风井 ACS 接入方案

ACS（门禁）系统在区间风井宜采用单主控制器方案，该主控制器监管整个区间风井的门禁设备，通过光缆连接至邻近车站门禁系统，纳入邻近车站统一管理。

12.4 主变电站 ACS 接入方案

主变电站独立设置单主控制器，该主控制器监管整个主变电站的门禁设备，通过光缆连接至邻近车站安防系统或综合监控系统，纳入邻近车站统一管理。

12.5 接入线网授权系统方案

（1）线网授权平台应统一管理全线网各线路门禁系统的授权。
（2）各线路门禁系统宜通过统一的线网中间库接口接入线网授权平台。
（3）线网授权平台可通过不同账户按区域、线路、车站划分不同级别的授权权限。

12.6 门禁点安装建议

门禁就地控制器箱安装高度建议为控制器箱底边距离装修完成面 1200 mm；读卡器采用定制底盒进行安装，安装高度为距离装修完成面 1300 mm；紧急出门按钮和出门按钮安装高度为底边距离装修完成面 1300 mm，当一个房间出现多扇门时，紧急出门按钮和出门按钮应与照明开关安装在同一扇门体侧墙上。

13 自动售检票系统

13.1 系统网络及中央级要点

AFC（自动售检票）系统根据既有系统架构及预留条件，采用四层架构进行设计，即：
第四层：多线路中央级系统（MLC）。
第三层：车站计算机系统（SC）。
第二层：车站终端设备（SLE）。
第一层：车票（TICKET）。

AFC 系统接入多线路共享中央计算机系统 MLC，实现与轨道交通各线路的收益清分和互联互通，并通过多线路共享中央计算机系统实现与外部系统的连接。

13.2 车站级要点

1. 车站方案

（1）AFC 车站设备应采用环形组网方案进行组网。

（2）自动售票机采用嵌入式安装，采用设备前维护。利旧设备的线路宜采用大堂式安装，按设备后维护预留维护空间。

（3）在中央级和车站级宜与综合监控、FAS/BAS、门禁等专业合设 UPS。

（4）若换乘线路两车站共用公共区，且建设时序相近，则考虑合设方案，即换乘线路两车站设一套 AFC 车站计算机系统，由先建线路负责实施，并预留后建线路车站终端设备的接入条件和接口。若车站公共区不共用，且建设时序相差较大，则考虑分设，即换乘线路两座车站均单独设 AFC 车站计算机系统，设置单独的设备和管理用房及各自的票务管理人员。

（5）自动售检票系统多线路中央计算机宜按信息安全等级保护三级建设，正线 AFC 系统宜按信息安全等级保护二级考虑。

（6）自动售检票系统宜在车站公共区付费区及非付费区分界、智能客服中心旁设置一体化边门。

（7）自动售检票系统应支持多元化支付方式，具备二维码支付、央行数字货币支付等功能。

（8）自动售检票系统宜支持无感支付过闸，无感支付方案按线网统一考虑。

（9）自动售检票系统应具备与市域铁路票务互联互通能力，实现统一接入、统一支付。

2. 设备数量布置原则

（1）每个标准车站原则上布置 2 台自动售票机，容流较大车站可按照实际情况进行增加。

（2）地下车站：进站检票机数量不宜少于 8 个通道；出站检票机数量不宜少于 8 个通道。高架车站：进站检票机数量不宜少于 6 个通道；出站检票机数量不宜少于 6 个通道。每组进/出站检票机数量不宜少于 3 个通道。

（3）标准车站票卡回收模块按每组出站闸机 2 个设置，换乘车站按照所有出站闸机配置单程票回收模块设置。

（4）闸机上方不设置顶棚导向。

（5）在潮汐客流明显或易发生突发客流的车站，宜设置一定数量的双向检票机，双向检票机的设置位置和应用方式应与安检设施的使用相匹配。

（6）每个付费区宜设置 1 台宽通道检票机，火车站、飞机场等客流集散较多场合，可考虑增加宽通道的数量。

（7）每个车站应设置 1~2 座智能客服中心，智能客服中心的设置数量应与车站建设规模相匹配。

（8）车站终端设备配置数量除需满足设备计算和布置原则外，还应考虑乘客的使用习惯、车站的建筑布局、客流特征以及运营部门的管理需求。

3. 设备数量布置原则

（1）自动售票机应设置在站厅层非付费区，应以方便乘客使用、不影响交通和安全疏散为原则，应与车站出入口、进站检票机的布置位置相协调；自动售票机采用嵌入式安装方式，设备后部应预留不小于 300 mm 宽的维修通道，相邻设备之间距离宜为 400 mm。

（2）进、出站检票机应安装在站厅层付费区和非付费区的分隔带处，其布置位置应与车站出入口、扶梯及自动售票机的位置相协调；宽通道检票机且靠近客运服务中心布置；进、出站检票机的通道净距为 550 mm；标准通道双向检票机的通道净距为 550 m；宽通道检票机的通道净距为 900 m。

（3）智能客服中心应设在站厅层付费区与非付费区的分隔带上。

（4）车站设备布置方案应预留远期设备的安装条件，包括安装位置、预埋线槽及线缆等。

13.3 段场要点

1. AFC模拟测试系统

自动售检票模拟测试系统均设置在首南车辆段模拟测试平台上，在AFC模拟测试设备室内各设置自动售票机、票房售票机、进出站自动检票机、乘客自助终端、智能咨询终端等设备和相关工作站，并接入主机房的车站计算机系统。

2. AFC培训维修系统

自动售检票系统在车辆段设置AFC培训维修设备室，在AFC培训维修设备室内设置自动售票机、票房售票机、进出站自动检票机、乘客自助终端、智能咨询终端和相关工作站，并根据需求配置配电箱、交换机、服务器等相关设备。

14 安防系统

14.1 系统架构及设置要点

安防集成平台宜采用二级管理三级控制，即线网级、车站级二级管理，中央级、车站级、就地级三级控制。

安防系统的各子系统应集合成为一个整体，并应由独立的安防集成平台统一进行管理。车站级安防集成平台主要接入视频监视系统、入侵报警系统、安检系统、门禁系统及电子巡查系统。

线网安防集成平台的安防集成平台界面应满足公安部门对安防系统的管理需求。

安防集成平台 UPS 电源后备时间宜为 2 h。

14.2 车站级要点

（1）车站级安防集成平台宜与综合监控系统、视频监控系统、门禁系统为互联关系。

（2）安检系统宜在车站集成入安防集成平台，通过有线或无线接口，将数据、告警信号和方位、设备状态等信息传输至安防集成平台。

（3）入侵报警系统、电子巡查系统宜集成于安防集成平台，可通过安防集成平台对地点、时间和人员进行管理。

（4）安检系统应设置通道式安检门，更宜设置智能通道安检门。

（5）安检系统应与视频监控系统联动，实现视觉复核，并具备报警信息手动复位功能。

（6）车站视频监控系统宜采用人脸识别技术、智能视频分析技术。

（7）安防集成平台应具备应急预案功能。

14.3 出入段线周界报警设置方案

应在无声屏障及不在段场内的出入段线、U形槽区域设置周界报警系统，并纳入邻近段场周界报警系统统一管理，出入段线、U形槽区域周界报警系统按需设置视频设备，并通过段场周界报警系统上传至车站级安防集成平台。

14.4 主变电站周界报警接入方案

主变电站周界报警系统监管整个主变电站的周界安防体系，通过光缆连接至邻近车站安防系统，纳入邻近车站统一管理。

14.5 车站入侵报警系统设置方案

车站入侵报警系统不宜单独设置，可通过车站级安防集成平台联动综合监控系统、视频监控系统、门禁系统联合实现入侵报警防护。

15 供电系统（含疏散平台）

15.1 牵引系统要点

（1）牵引系统采用牵引整流机组与牵引供电机组（双向变流器）组成，正线牵引所采用1套整流机组+2套双向变流器，车辆段及停车场牵引所采用1套整流机组+1套双向变流器。

（2）新建线路采用专用轨回流，彻底解决杂散电流问题。

15.2 变电所要点

1. 主接线

（1）除物业开发跟随所外，其他地铁内部跟随所进线端不设置隔离开关柜。

（2）正线牵引所2套双向变流器分别设置于变电所不同35 kV母线上，整流机组按邻所交叉布置在不同的35 kV母线上。

（3）35 kV开关柜保护方式应采用数字通信电流保护。

2. 变电所布置

（1）房间长度大于7 m时应至少设置2扇门，且尽量设置对外的出口。

（2）为方便设备运输，整流变压器及牵引回馈变压器尽量设置在站台层，整流变压器及牵引回馈变压器的设备净高应控制在3 m以内。设备运输路径应考虑运营后设备更换的情况。

（3）地面及高架变电所设备房均应设置防雨装置，采用活动百叶窗，并设置可拆卸式不锈钢防尘网。

3. 设备安装及接地

（1）直流设备应绝缘安装。注意直流设备预留孔洞的钢盖板应采用绝缘板与运行的直流设备分隔开。

（2）变电所房间应水平不找坡。

（3）设备基础预埋件及设备本体分别接地，不应串接。

（4）设有高架段的线路，在与地下段交接处应设置电分段，并安装隔离开关。

4. 电缆夹层

地下车站 35 kV 变电所电缆夹层高度为 1.6 m，一般采用上抬站台板 0.3 m 措施实现（见图 15-1）。

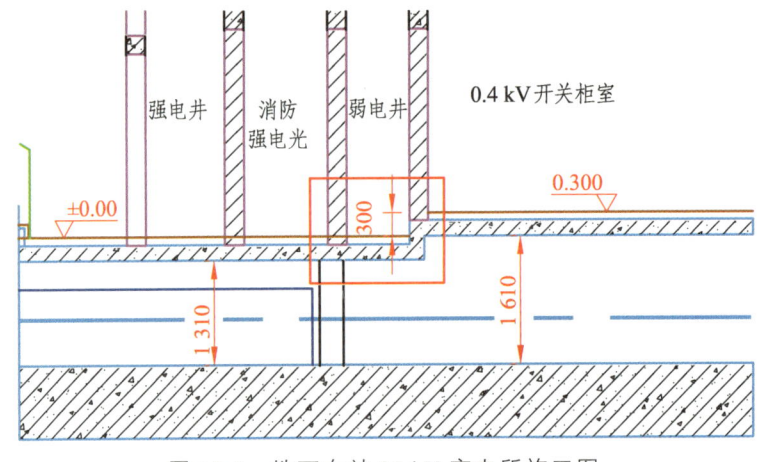

图 15-1　地下车站 35 kV 变电所施工图

5. 电缆敷设

（1）电缆过轨方式：地下区段过轨电缆采用轨行区上部土建预留通道过轨方式（见图 15-2）。

（2）高架区间电缆敷设采用复合材料电缆槽，固定于桥面上。

（3）盾构区间环网 35 kV 电缆敷设于疏散平台下方电缆支架上，电缆支架采用高强度复合材料材质，电缆支架跨距为 1 m。

（4）环网电缆敷设与疏散平台下轨楼梯的施工应密切配合。

① 在疏散平台下轨楼梯尚未实施时，环网电缆应预留一定长度电缆以作调整用。

② 疏散平台支架与环网电缆支架跨距不同，且疏散平台支架不宜调整跨距，因此环网电缆支架施工安装前应与疏散平台配合后实施。

（5）主变电所至正线变电所 35 kV 环网电缆中间头采用熔接式接头。

图 15-2　电缆过轨方式

6. 综合接地网

（1）接地引出线长度应结合底板厚度及是否有回填素混凝土层确定。

（2）在地面车站及邻近地面的地下车站综合接地网设置防雷引出线。

15.3　接触网要点

1. 接触网布置

（1）全线采用架空接触网结合专用轨回流的形式，其中专用轨原则上安装在弱电侧（行车方向右侧）。

（2）全线专用轨采用绝缘安装的方式，上接触授流，不设置防护罩。

2. 可视化接地系统

（1）正线、车辆段及停车场应采用接触网可视化接地系统。

（2）可视化接地系统不单独设置网络及中心主站监控系统。在站级监控系统处，视频信号经 CCTV 系统上传，"三遥"信号经 PSCADA 系统上传，并在控制中心主站监控系统处进行统一操作、监控、整合管理（见图 15-2）。控制中心主站监控系统整合到综合监控及 CCTV 网络系统中，控制中心主站监控系统的工作站整合到电力调度操作员工作站中。

图 15-2 站级监控系统

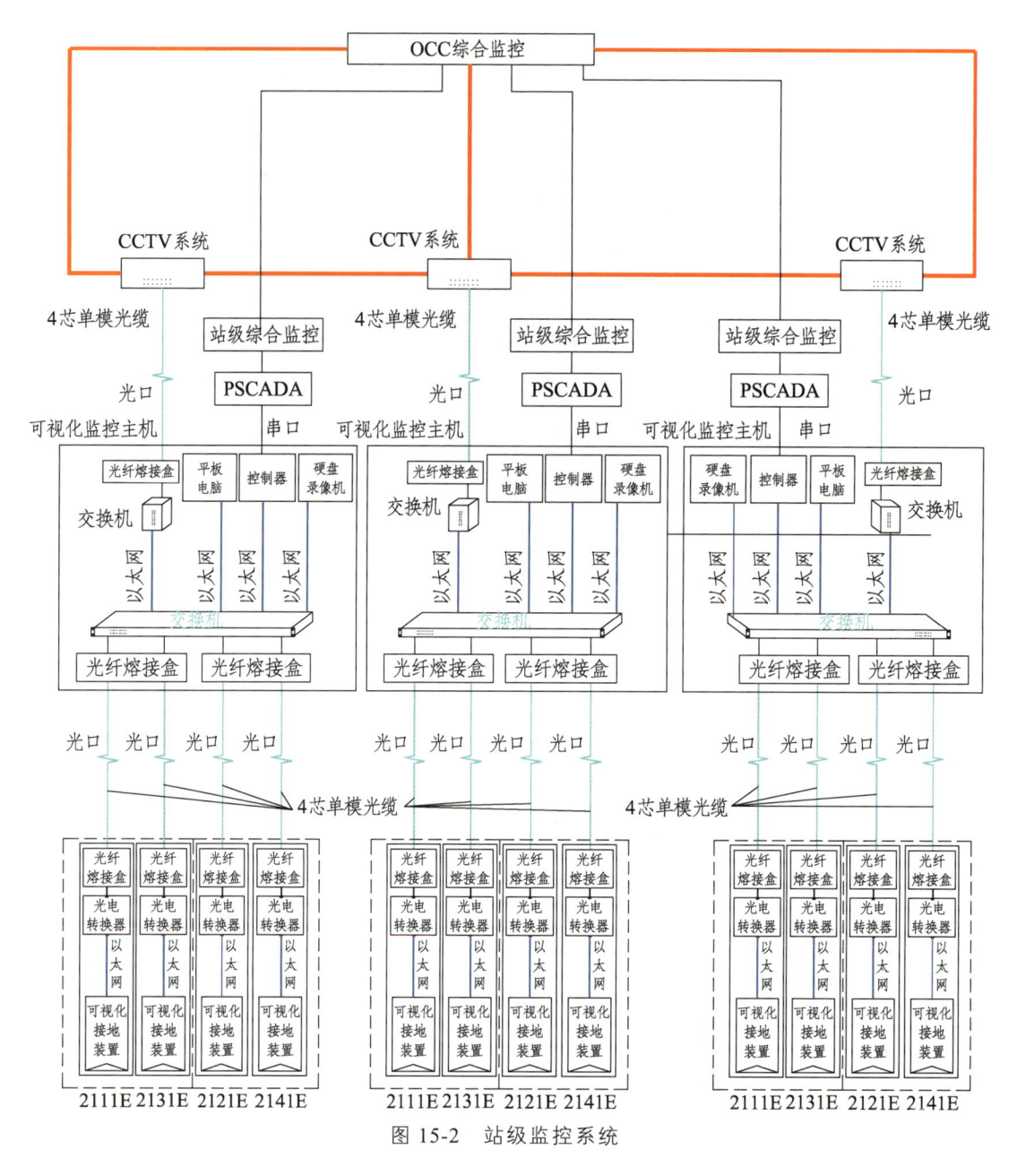

（3）场段内可视化接地系统的复显、操作、监控等应根据运营具体需求而确定。

3. 场段接触网供电分段

（1）车辆段及停车场出入段线宜单独设置供电分区。

（2）车辆段及停车场出入段线供电分区应分别与运用库不同供电分区相连，不应将出入段线其中一个分区与运用库所有供电分区相连，保证场内出入段线任何一个分区发生故障时，库内电客车均具备出库条件（见图15-3）。

15 供电系统（含疏散平台）

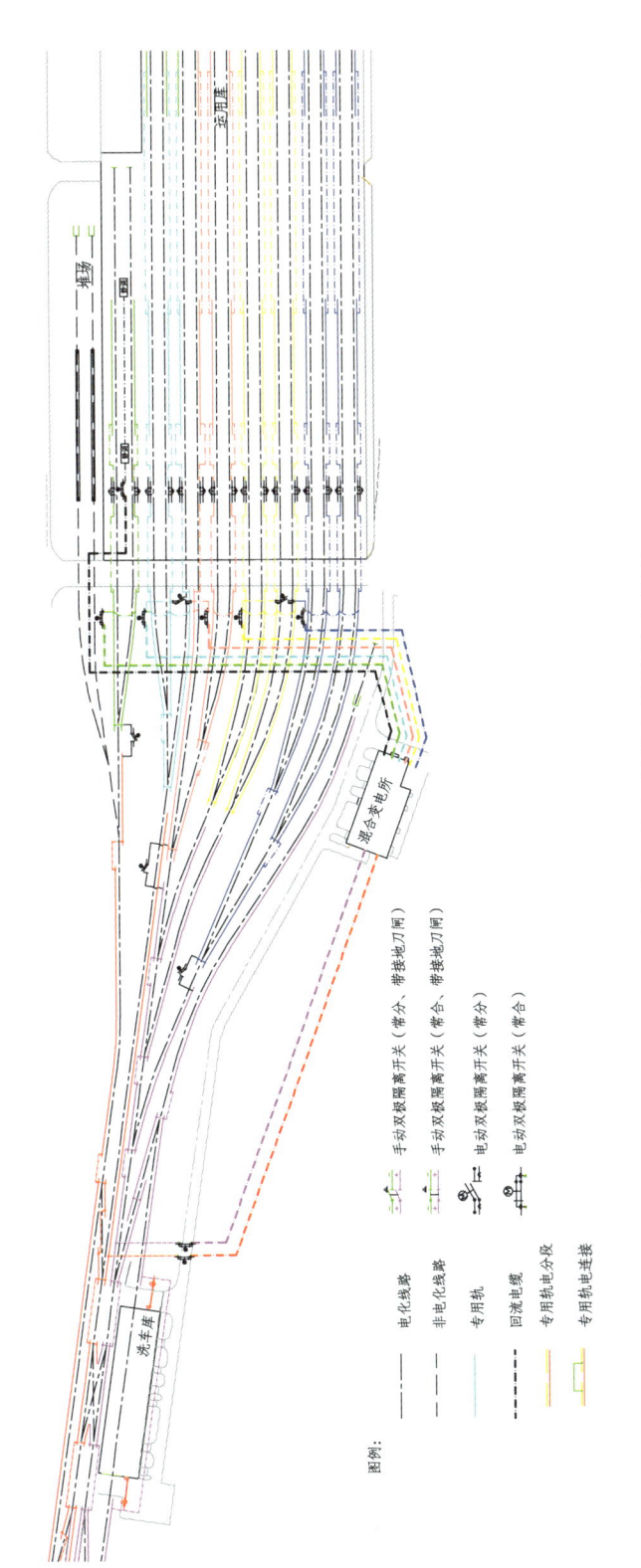

图 15-3 车辆段及停车场出入段线供电分区

15.4 变电所综合自动化系统要点

1. 变电所综合自动化系统

变电所综合自动化系统结构中优先采用交换机或通信管理机；如采用串口服务器时，各串口设备类型应一致，且数量不宜过多，如电能信息采集如采用串口服务器，每个串口不宜超过10只多功能表计。

2. 电能信息

各变电所将35 kV、400 V系统电能信息采集并通过变电所综合自动化系统上传至综合监控系统。

3. 变电所智能运维

变电所智能运维系统基于智能电力监控系统设置线路级平台，不独立设置中央级，站级通过通信传输系统将智能监测装置、故障录波等数据上传至线路级，变电所智能运维底层数据采集与分析处理等智能化功能由各设备实现。

15.5 供电车间要点

1. 资源共享

涉及合址共建的车辆段，计划两条线共用综合楼、综合维修楼，试车线之间设置联络线，考虑供电车间资源共享。

合址共建车辆段供电车间资源共享，共享范围为供电车间管理用房、培训设备、接触网检测车、接触网放线车，工班用房、材料工器具用房、维护检修设备不共享。

2. 接触网智能巡检系统

接触网智能巡检系统包括但不限于弓网在线检测装置、专用回流轨检测装置。

弓网在线检测装置安装在电客车上，采用车载在线检测方式，通过接触网几何参数、弓网动态性能参数、接触网悬挂状态的定时监控，实现检测数据分析、缺陷自动报警等功能，从而及时预防故障，为接触网检修后的动态复核提供指导依据。

专用回流轨检测装置安装在接触网检测作业车上（需安装集电靴），通过对专用回流轨几何参数、零部件状态高清成像、靴轨关系视频监控、靴轨动态参数检测和评估，从而准确地发现回流轨的故障隐患，为回流轨的检修和维护提供技术依据。

15.6 疏散平台要点

（1）疏散平台宽度：盾构区间疏散平台标准宽度约 945 mm，明挖区间及车站配线区疏散平台独立段标准宽度约 1000 mm，靠墙段宽度不应小于 700 mm，以上宽度值仅为参考值，不作为现场下料的依据。疏散平台边缘距离线路中心线 1600 mm，曲线段根据限界要求调整，但疏散平台宽度不应小于 700 mm，困难条件下疏散平台宽度不小于 550 mm。

（2）改性（高分子）复合材料耐火极限：不低于 1 h。

（3）沿区间正线设置纵向通长疏散平台，在车站端部区间防护密闭隔断门处不断开，在车站端部区间防淹防护密闭隔断门处断开；在保证不侵限的条件下，沿车站配线区正线尽可能多地设置疏散平台。

（4）疏散平台在区间联络通道处设置垂直钢梯。

（5）盾构区间、明挖区间靠墙段疏散平台设置扶手，扶手采用复合材料，设置于区间结构壁上，距离平台面 950 mm；明挖区间独立段设置栏杆扶手，采用钢管，沿疏散平台长度方向单侧布置。

16 站台门系统

16.1 基本要点

（1）地下车站宜设置全高封闭式站台门；高架车站宜设置半高站台门。

（2）按照 B 型车辆编组配置，每侧站台设置 24 道门单元。

（3）每侧站台配置独立站台门控制系统进行操作。

（4）每个车站配置站台门电源设备一套，设备包括驱动电源、控制电源（含监视系统电源），设置方式应与车站集中 UPS 集中供电结合。

（5）站台门设备室的净尺寸应不小于 3.5 m×5.8 m。室内净高不低于 3 m，门宽度不应小于 1.2 m（双扇向外对开），设备室采用上进线，不设置架空地板。

16.2 主要设计参数

站台门系统主要设计参数如表 16-1 所示。

表 16-1 站台门系统主要设计参数

序号	名称		站台门			备注
			项目	单位	参数	
1	滑动门		每侧站台	道	24（包括 2 道非标准门）	
2	半高站台门固定侧盒		每侧站台	套	48	
3	固定门	全高封闭式站台门	每侧站台	道	22	
4		半高站台门	每侧站台	道	17	
5	应急门	全高封闭式站台门	每侧站台	道	≥2	
6		半高站台门	每侧站台	道	6	

续表

序号	名称		站台门			备注
		项目	单位	参数		
7	端门		每侧站台	套	2	
8	结构高度	全高封闭式站台门	所有单元	mm	3200	
9		半高站台门	所有单元	mm	约1500	
10	列车乘客门净开度		每个单元	mm	1300	
11	滑动门标准净开度		每个单元	mm	1900	
12	滑动门净高度	全高封闭式站台门	每个单元	mm	2100	
13		半高站台门	每个单元	mm	1500	
14	端门净开度		每扇门	mm	1100	
15	应急门净开度	全高封闭式站台门		mm	≥1100×2	
16		半高站台门		mm	≥1100	
17	端门活动门高度	全高封闭式站台门		mm	2100	
18		半高站台门		mm	1500	
19	电源				380(1±10%)V, 50±1 Hz	一级负荷
20	蓄电池容量				驱动电源用UPS蓄电池组的容量应可以保证该车站每侧滑动门开/关3次;控制电源UPS所配置的蓄电池组的容量应可以保证该车站站台门系统控制设备正常工作0.5 h。	

注:以上技术参数基于车辆为6节编组的情况。

16.3　系统构成要点

站台门由门体结构、门机、电源系统及控制系统等组成。

16.3.1　门体结构方案

（1）站台门门体结构由承重结构、门槛、顶箱、滑动门、固定门、应急门和端门组成，门框外露部分采用不锈钢材料，玻璃采用单层超白浮法均质钢化玻璃。

（2）滑动门底部的位置设置倾斜的防站人三角板，滑动门门槛上设置LED灯带，滑动门及应急门门槛设置防踏空胶条。

（3）门槛外包扣板采用不锈钢材料，并采用蚀刻或冲压工艺做防滑处理。

（4）顶箱前盖板采用铝合金面板或发纹不锈钢，后盖板采用发纹不锈钢材料。后盖板与顶梁间采用难燃橡胶条或不锈钢材料进行密封。

（5）滑动门具备障碍物探测功能，应急门具备独立旁路功能。

（6）滑动门可实现系统级控制、站台级控制和手动操作三级控制方式。3 种控制方式中以手动操作优先级最高，系统级控制优先级最低。除此之外，还可实现车控室 IBP 盘控制站台门紧急开门功能。启动 IBP 盘控制模式时，系统级控制和站台级控制均失效。

（7）站台门系统宜具备在线监测及部件预警功能，可实现对关键部件的各种运行状态的预警感知。

16.3.2 门机方案

（1）滑动门电机采用直流无刷电机，额定输出功率下不小于 130W。

（2）传动装置采用皮带传动装置或螺旋副传动装置。

16.3.3 电源系统

（1）站台门按一级负荷供电，并设置后备电源。

（2）驱动电源和控制电源供电回路宜相互独立设置。

（3）驱动电源的后备电源容量应至少满足完成本站全部滑动门开/关 3 次循环的需要，控制电源的后备电源容量应至少满足负载持续工作 0.5 h 的需要。

（4）站台门配电电缆、控制电缆采用不同线槽敷设或同槽分室。

（5）站台门系统控制电源模块采用冗余配置。

16.3.4 控制系统

站台门控制系统主要由中央控制盘、就地控制盘、门控器、局域网和接口模块等组成。

1. 硬件设备的设置

1）中央控制盘（PSC）

（1）每侧站台应设置一个逻辑控制单元（PEDC），每侧站台的逻辑控制单元应独立运行。

（2）每个逻辑控制单元应设有与信号系统、紧急备份控制盘、测试盘、就地控制盘，以及门控器的接口，并应设置与监控系统及电源系统的接口。

（3）中央控制盘面板应设置的系统状态及报警显示装置如下：

① 开门状态指示灯。

② PSL 操作允许状态指示灯。

③ 紧急控制盘操作允许状态指示灯。

④ 系统测试操作允许状态指示灯。

⑤ 供电电源故障指示灯。

⑥ 手动操作指示灯。

⑦ 滑动门（ASD）/应急门（EED）全关闭且锁紧状态指示灯。

⑧ 滑动门（ASD）/应急门（EED）互锁解除报警指示灯。

⑨ 滑动门（ASD）/应急门（EED）开门故障指示灯。

⑩ 滑动门（ASD）/应急门（EED）关门故障指示灯。

⑪ 端门打开指示灯。

⑫ 监视系统故障指示灯。

⑬ 中央控制盘供电电源故障指示灯。

⑭ 故障复归按钮指示灯。

⑮ 中央控制盘盘面灯测试按钮。

2）就地控制盘（PSL）

（1）应能在面板上显示滑动门/应急门状态和 PSL 操作状态。

（2）就地控制盘盘面应包括（但不限于）：

① PSL 操作允许转换钥匙开关。

② PSL 操作状态指示灯。

③ PSL 关门按钮（带灯按钮），可以控制站台门的关动作。

④ PSL 开门按钮（带灯按钮），可以控制站台门的开动作。

⑤ ASD/EED 关闭且锁紧指示灯，灯亮表示所有滑动门/应急门完全锁闭；灯灭表示 ASD/EED 打开；灯闪表示 ASD/EED 关闭且锁紧出现问题，并进行报警。

⑥ 滑动门/应急门互锁解除开关。

⑦ 滑动门/应急门互锁解除指示灯。

⑧ 障碍物探测装置操作开关及指示灯。

⑨ 系统测试操作状态指示灯。

⑩ 指示灯测试按钮。

⑪ 按钮指示灯、状态指示及开关的中文标识。

3）就地控制盒（LCB）

就地控制盒应靠近门控器设置，应具备自动/隔离/手动开/手动关功能。

4）门控器

（1）应设置有收集每道滑动门和应急门的故障报警信息接口。

（2）应设置有输出每道滑动门和应急门所有状态信息的接口。

（3）应设置有接收开/关门命令的接口。

2. 控制系统接口

1）信号控制系统

（1）信号系统应能够发送开门命令及关门命令。

（2）信号系统应能够接受 PSD 系统发出的所有门关闭且锁紧信号、滑动门/应急门互锁解除信号。

2）紧急备份控制盘控制系统（IBP）

（1）紧急备份控制盘面板应设置紧急备份控制盘操作允许指示灯、所有门关闭且锁紧指示灯。

（2）紧急操作控制盘面板应设置操作允许开关钥匙。

（3）紧急操作控制盘面板应设置开门按钮，能够发送打开站台滑动门命令。

3）站台门与车站监控系统的接口

站台门重要的状态及故障信息上传至车站控制室。

16.3.5 网络及软件

（1）网络信息数据传输应为总线型。

（2）应用软件应能够调整电机速度曲线、门体夹紧力阈值、重复开关门延迟时间和重复开关门次数等参数。

（3）监视软件应可监视产品技术要求规定的故障和状态信息。

（4）控制局域网软件协议应采用通用的、开放的、标准的现场总线通信协议。

（5）系统软件应具有故障自动诊断、自动报警功能。

16.3.6 绝缘及接地

（1）钢轨行走轨作为回流轨时，站台门应与钢轨等电位连接，等电位连接时：

① 正常情况下人体可触及的站台门金属构件应与土建结构绝缘，门体与车站结构之间的绝缘电阻不小于 0.5 MΩ。

② 站台门站台区域应设置有宽度不小于 900 mm 绝缘区域。

③ 门体与钢轨连接导线电阻值应不大于 0.4 Ω。

④ 电缆连接线耐压等级不低于 1 kV。

（2）供电采用专用回流轨方案时，应使站台门每侧门体等电位后接地处理。

（3）站台门系统在站台区域的不带电外露金属部分应作等电位连接，单侧站台站台门系统的整体电阻值应不大于 0.1 Ω。

16.4　全自动驾驶技术要点

（1）为满足全自动运行模式的要求，站台门系统应符合不低于安全完整性等级 SIL2 的要求。

（2）站台门与车门之间应具备对位隔离功能要求。PSC 可单独实现对所有站台门对位隔离功能的模拟和监控，包括对单道滑动门开/关门。可通过 PSC 将单个滑动门的相关状态、报警等信息通过以太网传送至信号系统，信号系统可通过与站台门的接口实现隔离单道滑动门，不参与开/关门动作。

（3）每套 PEDC 上均应配置与信号系统的以太网接口，向信号系统发送或接收信号系统"隔离单道滑动门（站台编号及门编号）"命令，并能正确地控制单道滑动门的 DCU 实现相应操作，并应向信号系统可靠反馈站台门的状态信息。

（4）每侧站台在站台公共区设置 3 套 PSL，PSL 应能防止乘客误操作。

17 自动扶梯与电梯系统

17.1 车站自动扶梯设计要点

（1）自动扶梯载重条件为：自动扶梯在任一方向连续运行时间不少于每天 20 h，每周 7 天；在 100%制动载荷情况下且在任何 3 h 的间隔内，连续工作至少 1 h；其余 2 h 制动载荷负荷率为 60%。

（2）地下车站站厅至站台选用室内型产品；地下车站出入口及高架车站采用室外型产品，室外型产品必须保证能在宁波市露天环境全天候工作。

（3）自动扶梯应选用具备变频节能控制功能、技术先进、性能可靠的成熟产品，并选用公共交通型或重载型自动扶梯。

（4）自动扶梯需具备参与疏散的能力，参与疏散的自动扶梯按一级负荷供电，不参与疏散的自动扶梯按二级负荷供电。

（5）站内自动扶梯应在车控室后备操作盘（IBP 盘）设置一对一的急停按钮。

（6）驱动链、梯级链、扶手带驱动链等功率传动部件安全系数要求宜不小于 8，梯级链销轴比压宜不大于 23 N/mm^2。驱动轴等功率传动件疲劳强度应满足部件使用寿命要求，梯级链还应满足《自动扶梯和自动人行道的制造与安装安全规范》（GB 16899—2011）中 5.4.3.2 的相关要求。

（7）自动扶梯上下水平梯级数量为各 4 块。

（8）自动扶梯倾角采用 30°。

（9）自动扶梯为整体焊接桁架结构，当整个承载区域静载荷为 5000 N/m^2 时，两支承间的最大挠度不得大于两支点距离的 1/1500。

（10）自动扶梯并列设置时，不得设置过渡板，自动扶梯并列安装时盖板之间间隙应小于 2 mm。若因现场条件受限，确需安装过渡板时，需采用满足人员通行的负荷强度的过渡板，同时过渡板表面需采取防滑措施，并采用可靠防松动措施。

（11）运行方向：上、下可逆。

（12）名义速度：0.65 m/s。

（13）运行速度：0.65 m/s，预留 0.5 m/s 速度功能。

（14）变频节能速度：0.13 m/s。

（15）检修速度：0.13 m/s。
（16）梯级名义宽度：1000 mm。
（17）上、下导轨转弯半径如表 17-1 所示。

表 17-1　上、下导轨转弯半径

提升高度	≤10 m	>10 m
上导轨转弯半径	≥2600 mm	≥3600 mm
下导轨转弯半径	≥2000 mm	≥2000 mm

（18）自动扶梯提升高度不大于 10 m：上水平段长度采用 5050 mm，下水平段长度采用 3550 mm；自动扶梯提升高度大于 10 m 且不超过 15 m：上水平段长度采用 5450 mm，下水平段长度采用 3550 mm。

17.2 车站垂直电梯设计要点

（1）按照每个站台至少有一条无障碍通道供残障人士进出车站设置电梯，电梯兼顾车站工作人员运送工具、货物需要，选用客货两用电梯。站厅至站台电梯设置在付费区内，岛式站台设置 1 部电梯，侧式站台设置 2 部电梯；站厅至地面的电梯设置在非付费区内（地下站出入口电梯位置应布置在人防门外）。

（2）电梯接受 BAS 系统转发的火灾报警系统（FAS）在火灾情况下向电梯发送的火灾报警信号，电梯在收到火灾报警信号后执行相关的消防动作并将"消防动作完成信号"反馈给 BAS。

（3）电梯应具备断电再平层功能。

（4）轿厢内设电话，具有轿厢内、轿顶、井道底坑、控制柜和**车控室**五方对讲功能。

（5）车站 1.0 t 电梯参数：

额定载质量	1000 kg
型式	客、货两用无机房电梯
安装地点	车站
提升速度	1.0 m/s
开门方式	中分双扇
开门方向	同侧
开门速度控制	VVVF
驱动方式	井道上置曳引
轿厢净尺寸	1600 mm × 1400 mm（宽 × 深）
轿厢净高	≥2300 mm

轿厢开门尺寸	1000 mm × 2100 mm（宽 × 高）
井道净尺寸	2400 mm × 2200 mm
顶层高度	≥4500 mm
底坑深度	1600 mm
供电电源：动力电源	AC 380 V，三相四线制，TN-S 接地，50 Hz
照明电源	AC 220 V，单相

（6）车站 1.35 t 电梯（贯通门）参数：

额定载质量	1350 kg
型式	客、货两用无机房电梯
安装地点	车站
提升速度	1.0 m/s
开门方式	中分双扇
开门方向	对侧贯通
开门速度控制	VVVF
驱动方式	井道上置曳引
轿厢净尺寸	1600 mm × 1850 mm（宽 × 深）
轿厢净高	≥2300 mm
轿厢开门尺寸	1100 mm × 2100 mm（宽 × 高）
井道净尺寸	2530 mm × 2500 mm（宽 × 高）
顶层高度	≥4500 mm
底坑深度	1600 mm
供电电源：动力电源	AC 380 V，三相四线制，TN-S 接地，50 Hz
照明电源	AC 220 V，单相

（7）出入口电梯井道顶部能避免阳光直射，设置井道顶部排风扇（风口配设铝合金格栅）。

（8）当相邻两层间距离大于 11 m 时，其间应设置井道安全门，门尺寸不应小于 500 mm × 1800 mm（宽 × 高）。

17.3　场段垂直电梯设计要点

（1）按照电梯兼顾场段工作人员运送工具、货物需要，选用客货两用电梯，并优先选用有机房电梯。

（2）电梯接受火灾报警系统（FAS）在火灾情况下向电梯发送的火灾报警信号，电梯在收到火灾报警信号后执行相关的消防动作并将"消防动作完成信号"反馈给 FAS。

（3）电梯应具备断电再平层功能。

（4）轿厢内设电话，具有轿厢内、轿顶、井道底坑、控制柜和消控室（或有人值守的值班室）五方对讲功能。

（5）场段 1.0 t 电梯参数：

额定载质量	1000 kg
型式	客、货两用有机房电梯
安装地点	场段
提升速度	1.0 ~ 2.0 m/s
开门方式	中分双扇
开门速度控制	VVVF
驱动方式	井道上置曳引
轿厢净尺寸	1600 mm × 1400 mm（宽 × 深）
轿厢净高	≥2 300 mm
轿厢开门尺寸	1000 mm × 2100 mm（宽 × 高）
井道净尺寸	2400 mm × 2200 mm（宽 × 高）
机房尺寸	3000 mm × 4500 mm × 2500 mm
底坑深度	1600 mm
电梯功率	11 ~ 20 kW
供电电源：动力电源	AC 380 V，三相四线制，TN-S 接地，50 Hz
照明电源	AC 220 V，单相，TN-S 接地，50 Hz

（6）场段 1.6 t 电梯参数：

额定载质量	1 600 kg
型式	客、货两用有机房电梯
安装地点	场段
提升速度	1.0 ~ 2.0 m/s
开门方式	中分双扇
开门方向	同侧
开门速度控制	VVVF
驱动方式	井道上置曳引
轿厢净尺寸	2100 mm × 1600 mm × 2500 mm（宽 × 深 × 高）
轿厢开门尺寸	1200 mm × 2100 mm（宽 × 高）
井道净尺寸	2850 mm × 2500 mm（宽 × 高）
机房尺寸	3000 mm × 4500 mm × 2 500 mm（长 × 宽 × 高）
底坑深度	1650 mm
电梯功率	15 ~ 30 kW
供电电源：动力电源	AC 380 V，三相四线制，TN-S 接地，50 Hz
照明电源	AC 220 V，单相

（7）机房内设置井道顶部排风口（风口配设铝合金格栅）。

（8）场段现场条件受限时，可采用客货两用无机房电梯，相关标准参考站内垂直电梯设计要点。

18 通风空调系统

18.1 区间隧道通风系统技术要点

18.1.1 隧道通风系统形式

当车站站台设置全封闭站台门时,区间隧道通风系统应设置活塞风井(道),且优先采用在车站两端对应上、下行线路隧道端部分别设置活塞风井(道)的双活塞方案,当双活塞方案实施确有困难时,在满足系统功能前提下,可仅在列车进站端设置活塞风井(道)。

18.1.2 起吊设施

1. 吊装孔

(1)用于设备吊装的吊装孔需单独设置,吊装孔设置位置需考虑设备运输路径及吊装孔下方接触网、废水泵房等设施的影响。吊装孔尺寸建议按照吊运设备的最大尺寸每边外扩 500 mm。

(2)吊装孔平时应严密封堵,采用轻质硬度强、耐风压性能好、安全可靠的封堵措施,便于运营人员操作。

(3)吊装孔周围宜设置围护栏杆,且围护栏杆应便于移动或拆卸,以方便使用时进行相应转换。

(4)吊装孔周围应设置挡水台,防止渗漏水影响下方房间。

2. 吊运装置

隧道风机上方一般宜设置工字钢吊梁,设置长度为风机及与风机两端连接的消声器上方(见图 18-1)。工字钢吊梁宜设置在结构板底部,当与结构梁冲突时,宜设置在梁底,并由结构专业考虑相应的安装及固定措施。为避免设备吊运过程中,工字钢导轨滑块脱落,工字钢导轨端部宜设置挡块。

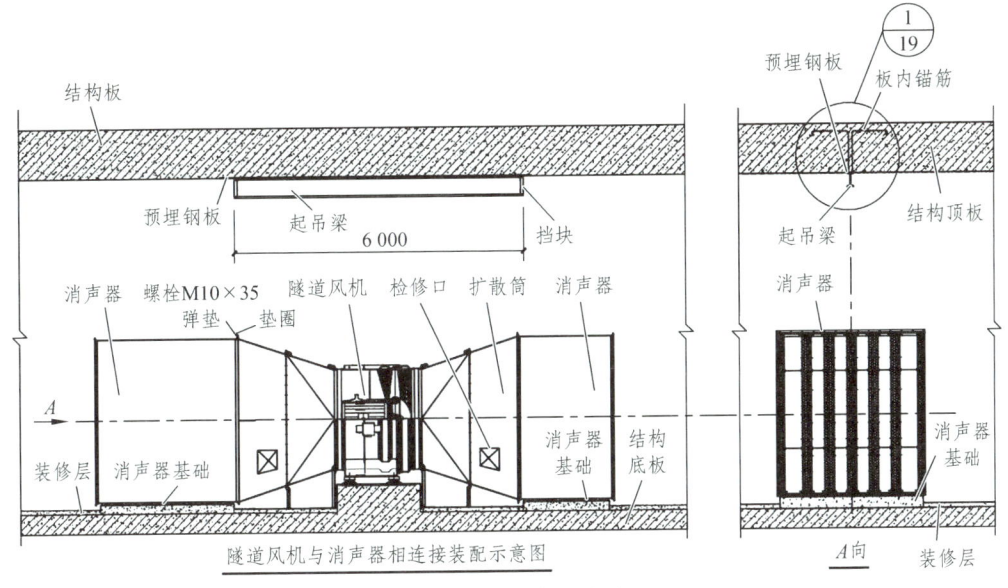

图 18-1 隧道风机吊梁设置

3. 活塞风道消声措施

敏感车站的活塞风道需采取消声措施，消声器长度不宜小于 2 m。环评报告没有特殊要求的，活塞风道不设置吸音板。

4. 扩散筒检修口设置

隧道风机、排热风机扩散筒检修口宜采用可开启式门设置，不采用螺栓连接，为便于运营操作，且检修口不得被墙体遮挡。

5. 区间风井设置原则

（1）正常情况下，两座车站之间会同时存在两列或两列以上列车同向运行的地下区间，若遇火灾情况，排烟时应能使非着火列车处于无烟区。

（2）两站之间的运行时间按照两座车站相邻的事故风孔间行车计算确定。

（3）当需要设置区间通风道时，通风道应设于区间隧道长度的 1/2 处，在困难情况下，其距车站站台端部的距离可移至不小于该区间隧道长度的 1/3 处，但不宜小于 400 m。

（4）区间风井内应设置直通地面的防烟楼梯间。

6. 配线区间排烟方式

车站范围内的存车线、渡线等配线区间原则上采用半横向排烟方案，当配线设置在区间内时可采用纵向排烟+射流风机方案。

7. 检修空间及人员通道

（1）隧道风机距墙不应小于 600 mm，且应考虑足够的检修空间及运输路径；隧道风机的两侧均应有检修空间，且一侧空间不得小于风机直径 + 500 mm。

（2）电动组合风阀的执行机构安装侧，留出至少 800 mm 的空间。

（3）应保证人员能够到达风道内任何一点，尽量不用结构片式消声器。作为人员通道，风道内的门体应为防火密闭门，门体开启方向为气流正压侧，靠区间的门体同时应满足抗风压的需求。

18.2　车站公共区通风空调及防排烟系统技术要点

1. 车站公共区通风空调系统形式

地下车站公共区采用全空气一次回风通风空调系统，通风空调系统由组合式空调机组、回排风机、排烟风机、各类风阀及管道组成，不设置小新风机。

2. 车站出入口通风空调及防排烟系统

地下车站出入口通道长度原则如图 18-2 所示，即出入口通道长度为 L_1+L_2。

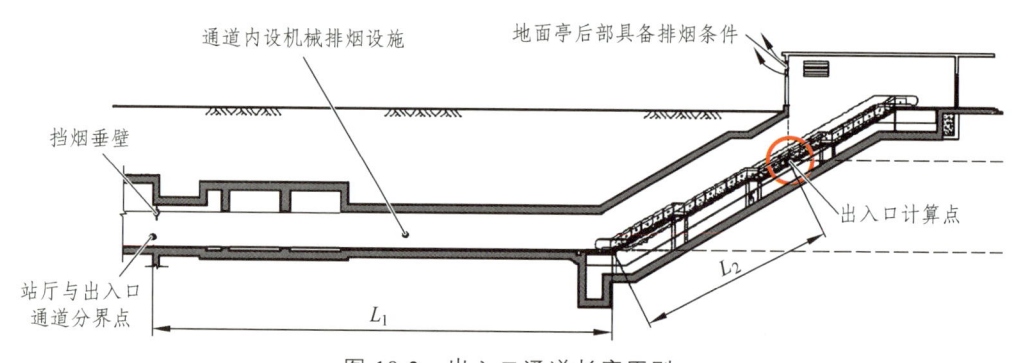

图 18-2　出入口通道长度原则

（1）当出入口通道长度 $L_1+L_2 < 60$ m 时，出入口通道采取自然通风、自然排烟。

（2）当出入口通道长度 60 m ≤ $L_1+L_2 < 100$ m 时，出入口通道设置冷风降温、机械排烟系统，冷风降温系统末端可采用吊柜式空调机组、风机盘管、多联式空调等方式；机械排烟风机房需独立设置，可设置为出入口地下外扩机房、车站主体内机房、地面风机房等，不宜设置在出入口吊顶内。

（3）当出入口通道长度 100 m ≤ L_1+L_2 时，出入口通道除了设置冷风降温、机械排烟系统外，还应考虑出入口通道内防烟楼梯间加压送风系统。加压送风机房与排烟风机房进排风口需大于 10 m。

3. 站台公共区火灾排烟模式

车站站台公共区发生火灾时，开启站台门首尾各 1 道滑动门，利用区间隧道风机及轨行区排热风机进行辅助排烟，开启的滑动门需设置声光报警。

4. 防火阀设置要求

（1）通风空调及防排烟风管在穿越下列部位时需设置防火阀：
① 风管穿越防火分区的防火墙及楼板处。
② 风管穿越通风空调机房隔墙处。
③ 风管穿越消防泵房、气瓶间、车站控制室隔墙处。
④ 风管穿越变形缝且有隔墙处。
⑤ 风管穿越楼梯间、前室处。
⑥ 风管穿越有排热风孔直通排热风道的排热风室处。

（2）各类防火阀的设置应利于安装及后期检修，尽量避免设置在楼梯间、设备区走道内，如不得已设置，应考虑设置在楼梯间平台处或设置专用检修通道。

18.3 车站设备管理用房通风空调及防排烟系统技术要点

1. 设备管理用房通风空调系统形式

（1）设备及管理用房通风空调系统（小系统）独立于公共区设置，尽量按照房间的功能划分系统。

（2）设备用房包括变电所用房应采用全空气一次回风空调系统，空调机组、回排风机宜采用变频控制。通信信号用房、综合监控设备室、公安通信设备室等重要设备用房采用备用多联机空调系统。

（3）管理用房包括车站控制室宜采用多联式空调机组+送排风系统，多联机选用冷暖型。

2. 设备区排烟量计算

（1）地下车站的设备与管理用房、内走道等需设置机械排烟时，其排烟量应按各防烟分区的建筑面积，以不小于 60 m³/（m²·h）分别计算；当排烟系统负担两个或两个以上防烟分区时，排烟风机的风量应按同一防火分区中任意两个相邻防烟分区的烟量之和的最大值计算。

（2）对于地下或地上无窗房间，当单个房间建筑面积均小于 50 m² 且多个房间总建筑面积大于等于 200 m² 时，房间内可不设置排烟口，可通过相连的走道排烟。当该走道采用机械排烟时，其计算排烟量不应小于 20000 m³/h。

3. 空间净高超过 6 m 车站排烟量计算

地下车站公共区及设备管理用房区排烟量计算按照《地铁设计防火标准》（GB 51298—2018）执行，不按照火灾热释放速率计算。

4. 设备管理用房区防烟分区划分

设备管理用房区每个独立设置的房间为单独防烟分区，设备区走道单独划分防烟分区，每个防烟分区的长度不超过 60 m。

5. 楼梯间加压送风系统

站厅至站台的封闭楼梯间、防烟楼梯间均需设置机械加压送风系统，站厅直通地面的封闭楼梯间采取自然通风系统，站厅直通地面的防烟楼梯间采用机械加压送风系统。加压送风系统可采用直灌式或送风竖井式。

6. 管　材

（1）地下车站公共区空调送风管采用双面彩钢复合矩形风管，双面彩钢板厚度为 0.5 mm，保温材料厚度不小于 30 mm，采用断桥隔热法兰。

（2）设备管理用房区空调送、回风管，以及多联式新风管道采用双面彩钢复合矩形风管，双面彩钢板厚度为 0.5 mm，保温材料厚度不小于 30 mm，采用断桥隔热法兰。

（3）地下车站公共区空调回风兼排烟风管、加压送风管、设备区走道及机房排烟风管、排烟补风管全部采用双面彩钢复合风管（耐火风管），双面彩钢板厚度为 0.5 mm，排烟风管内壁钢板厚度按照《通风与空调工程施工质量验收规范》（GB 50243—2016）执行，保温材料厚度不小于 30 mm，采用断桥隔热法兰，风管材质整体达到 A 级不燃。

（4）排烟风管、排烟补风管、加压送风管以及穿越防火隔墙的房间风管耐火极限不小于 1 h，穿越防火分区及防火阀两侧各 2 m 范围内的风管耐火极限不小于 3 h，根据安装条件也可局部采用外包覆耐火极限不小于 3 h 的防火板。

（5）车站新风管道，空调机房送排风管道，卫生间、泵房及气瓶间排风管道等其他风管采用镀锌薄钢板矩形风管，具体规格详见《通风与空调工程施工质量验收规范》（GB 50243—2016）。

7. 管道连接要求

（1）保温风管与空调机组连接处宜采用保温软连接。

（2）专用消防风机与风管应采用直接连接，不得加设柔性短管。

（3）普通风机与风管建议采用波硅钛金防火软连接。

18.4 空调水系统技术要点

1. 冷水机组选择

（1）地下车站冷源宜选用磁悬浮式冷水机组，并按照两大配置方案设置。
（2）冷水机组宜设置自动在线清洗装置。

2. 设备接管及布置原则

冷水机组非接管侧宜留出不小于一倍机组长度的检修空间（通炮空间）、空调机组冷冻水管需设置在非检修侧，检修侧宜有不小于 1 倍机组宽度的空间，且不应有管线及支吊架遮挡。

3. 冷却塔设置原则

（1）空调冷却水系统宜优先采用冷却塔，当地面条件确有困难时，可采用风道内置式冷却塔、蒸发冷凝机组等形式，并应对水质提出净化需求。
（2）冷却塔需设置在通风良好且环境清洁的场所，距离车站新风亭、出入口不小于 10 m。
（3）冷却塔多塔布置时，宜采用相同型号产品，且其积水盘下应设连通管，进水管和出水管上均应设电动阀。
（4）冷却塔四周需设置围挡，围挡内需设置硬化地面及排水沟、雨水箅子，并将排水沟接引至就近的污水井。

4. 空调水系统细节处理

（1）压力表与管道连接处应设置 DN25 球阀，以便于拆卸、检修压力表。
（2）冷却水管、冷冻水管与水泵连接处采用顶平偏心变径管，并在低处设置泄水。
（3）冷水机组安全阀宜设置一用一备，且安全阀与冷媒泄压管间设置可拆卸转接头，以便安全阀拆卸年检。

5. 管材

（1）空调冷却水管选用不锈钢管。
（2）空调水系统泄水管、制冷剂泄漏管、补水管等非主要的空调水系统管道采用热镀锌钢管。
（3）冷却塔补水管及排水管按照给排水专业管材标准执行。

（4）膨胀水箱的材质采用不锈钢板。

6. 系统控制及机房

车站空调水系统及空调风系统应采用风水联动节能控制系统，且系统运行模式应结合室外环境充分采用自然通风或机械通风，减少空调水系统设备投入时间。

车站公共区通风空调系统运行模式应包括只送不排、只排不送模式，充分利用车站出入口对公共区进行通风降温。

车站通风空调机房及制冷机房宜采用整体装配式机房。

18.5 多联机空调系统技术要点

1. 多联机系统形式

（1）应根据房间使用性质、负荷特点及运行需求划分多联机空调系统，以保证不同房间的环境需求。

（2）设备用房的室内机宜采取偶数布置，并将房间内室内机分别接至不同的室外机模块，以起到互为备用的作用。

（3）室外机应布置在通风良好、安全可靠的地方，且应避免其噪声、气流等对周围环境的影响。

（4）多联机冷媒管道最大配管长度不宜超过 150 m，第一个分歧管距离最末端室内机的距离不宜超过 50 m。

2. 管材及保温

（1）多联机空调的冷凝水管采用热镀锌钢管。

（2）多联机空调系统的冷媒管道、冷凝管道需采取可靠适用的保温材料与措施。

3. 检修维护需求

多联机室外机需设置围挡，宜设置清洗用水及排水措施。

18.6 车辆基地暖通设计技术要点

1. 车辆基地防排烟设置原则

（1）带上盖的车辆基地，盖下的停车库、运用库、检修库、列检库、工程车库、物资库设置（机械）排烟系统。

（2）盖下办公区域有窗（包括开向盖下库外的窗）房间大于 100 m^2 时设置机械排烟，无窗房间大于 50 m^2 时设置机械排烟。

（3）丙类、丁类附属用房内大于 300 m^2 的房间设置机械排烟，丁类厂房大于 5000 m^2 的房间设置机械排烟。

（4）库外与盖边或洞口距离超过 30 m，且没有 25%通风采光面积的安全疏散区域设置机械排烟系统。

（5）盖下所有设置排烟系统的区域均采用机械排烟直接排至盖外（少量直接贴临盖边的房间除外）。

（6）其余盖外单体防排烟依据《建筑设计防火规范》（GB 50016—2014）及《建筑防烟排烟系统技术标准》（GB 51251—2021）设置。

（7）盖外单体除物资库外，其余均优先采用自然排烟。

2. 车辆基地通风设置原则

（1）带上盖的车辆基地，盖下所有有污染的排风（如卫生间排风、污水处理间排风等）均排至盖外区域。

（2）检修库、工程车库等高大厂房除按规范设置通风以外，优先采用工业吊扇为库房通风降温，局部不能布置吊扇的区域采用壁挂风扇辅助的方式。

（3）地下司机通道设置诱导风机为其通风除湿，诱导风机底部净高不能低于 2.0 m。

（4）其余均按相关规范要求执行。

3. 车辆基地空调设置原则

（1）车辆段及停车场办公用房（含 DCC）空调与设备房空调应分别设置，独立控制。

（2）带上盖的车辆基地多联机空调室外机不宜直接设置在盖下，应设置在盖外或靠近盖边的区域。

（3）需要设置空调降温的设备用房优先采用分体空调。

19 给排水及消防

19.1 系统组成及主要功能

19.1.1 系统组成

给排水及消防系统主要包括生产、生活给水系统、排水系统和消防系统。其中排水系统由污水系统、废水系统和雨水系统组成；消防系统包括消防给水系统、气体灭火系统和灭火器的配置；消防给水系统由室内、外消火栓系统、自动喷水灭火系统、水泵接合器等组成。

19.1.2 系统功能

1. 生产、生活给水系统

生产、生活给水系统应满足车站、区间隧道及沿线附属建筑的生产、生活设施对水量、水压和水质的要求。

2. 排水系统

及时排除车站、区间和沿线附属建筑在运营过程中产生的各种污、废水和雨水，同时保证各类污、废水的排放符合国家现行排放标准的要求。

3. 灭火系统的功能

地铁的消防给水系统、自动灭火系统和灭火器应能迅速有效地扑灭各类火灾以确保地铁的正常运营。

19.2 系统主要技术标准

1. 生产、生活用水量标准

（1）工作人员生活用水量按 50 L/（班·人）计（含开水供应），小时变化系数为 2.5。乘客生活用水量按照卫生器每小时耗水量及每天使用小时数计算确定（洗涤池：120 L/h；洗脸盆：60 L/h；大便器：80 L/h；小便器：70 L/h）。

（2）空调冷却水系统补充水量按循环冷却水量的 2% 计算，冷冻水系统补充水量按循环冷冻水量的 1% 计算，每日按 18 h 计算。

（3）车站公共区及出入口通道冲洗用水量为 1 L/（m²·次），每天按冲洗 1 次、每次按冲洗 1 h 计算。

（4）设备用水量按所选设备、生产工艺的要求确定。

（5）主变电站等附属建筑物用水量按现行国家标准《建筑给水排水设计规范》（GB 50015—2003）确定。

2. 水压和水质标准

（1）生活用水设备及卫生器具的水压按现行国家标准《建筑给水排水设计规范》（GB 50015—2003）的相关规定执行。生活用水各配水点的供水压力不应大于 0.20 MPa。

（2）生产用水的水压、水质根据生产按工艺要求确定。

（3）生活用水水质应符合现行国家标准《生活饮用水卫生标准》（GB 5749—2022）的规定。

3. 消防给水系统用水量标准

（1）以同一条线路同一时间内发生一次火灾计。车站火灾时消火栓系统延续时间为 2 h，自动喷水灭火系统延续时间为 1 h，其他建筑物按相应规范执行。

（2）地下车站室外消火栓用水量为 20 L/s。

（3）地下车站室内消火栓用水量为 20 L/s；区间隧道、地下折返线、地下人行通道消火栓用水量为 10 L/s。

（4）地面车站、高架车站、主变电站等地面建筑的室内、外消火栓用水量按现行国家标准《建筑设计防火规范》（GB 50016—2014）及《消防给水及消火栓系统技术规范》（GB 50974—2014）执行。

（5）火灾时消防水枪的充实水柱按计算确定但不小于 10 m。

（6）室内消火栓口处的静水压力不应大于 1.0 MPa，消火栓口处的出水压力不应小于 0.25 MPa。

（7）车站局部自动喷水灭火系统，火灾危险等级为中危险级 I 级，喷水强度为 6 L/（m²·min），延续时间为 0.5 h，最不利点喷头工作压力不小于 0.05 MPa。

（8）设置自动喷水灭火系统的场所，其用水量按现行国家标准《自动喷水灭火系统设计规范》（GB 50084—2017）的规定设计。

4. 排水量标准

（1）工作人员及乘客生活排水量按生活用水量的95%考虑。

（2）生产设备排水量按所选用设备、生产工艺的要求确定。

（3）清扫及消防废水量与用水量相同。

（4）地下车站及区间隧道的结构渗漏水量按 0.05 L/（m²·d）计。

（5）高架区间、敞开出入口、敞开风井及隧道洞口的雨水泵站、排水管渠的排水能力按宁波市50年一遇暴雨强度，5 min集流时间计算。按100年一遇的暴雨强度校核设备选型。

（6）高架车站的雨水排水量按当地10年一遇的暴雨强度计算。降雨历时应按 5 min 设计。屋面雨水工程与溢流设施的总排水能力不小于50年重现期。

19.3　生产、生活给水系统设计要点

（1）车站、区间以及沿线附属建筑的各项用水水源均采用城市自来水。

（2）生产、生活给水系统与消防给水系统相互独立，单独计量。

（3）应充分利用市政压力供应生产、生活用水，对于市政给水水压或者水量不满足生产、生活用水要求的车站，增设加压供水设备。加压供水设备应设置在专用给水泵房内。

（4）生活饮用水水质应符合国家现行《生活饮用水卫生标准》（GB 5749—2022）的规定，生产及冷却用水水质按工艺要求确定。

（5）地下车站进水管宜从新风井引入。

（6）车站各用水点前设分级计量水表。消防及生产生活给水总管、卫生间给水干管、冷却塔补水干管及便民服务用房给水点设置远传水表计量，由 BAS 专业将信号上传至车站综控室显示，BAS 专业负责数据的采集及统计。计量水表的设置位置应便于读数及维修。

（7）各配水点供水压力按不大于 0.20 MPa 控制，车站内生产生活进水干管宜设置可调节式减压阀，超压点可采用减压阀或其他节流设施。

（8）站厅、站台层两端各设一个冲洗栓并就近考虑排水，冲洗栓附近应有地漏或排水沟，箱体应采用不锈钢材质。

（9）车站污水泵房、废水泵房、环控机房及冷却塔附近设置冲洗龙头并考虑有组织排水。

（10）冲洗栓及冲洗水龙头与给水管道连接处设置真空破坏器或者采用组合水嘴（压力型），详见国家建筑标准设计图集《真空破坏器选用与安装》（12S108-2），第 44 页。

（11）卫生间采用非接触式和节水型卫生器具，卫生洁具及其五金配件应符合现行国家标准《节水型生活卫生器具》（CJ/T164）及《非接触式给水器具》（CJ/T194）的要求。蹲

式大便器冲洗阀采用外露脚踩踏板式冲洗阀；坐便器采用冲洗水箱；小便器、洗脸盆水龙头采用感应冲洗阀（220 V 交流电）。

（12）车站及区间给水干管的最高点设自动排气阀，最低点设放空阀。

（13）车站母婴室内洗脸盆设置厨宝，为洗脸盆提供热水，感应式龙头恒温供水，厨宝设置位置应以装修专业图纸为准，并考虑检修、调节措施。

19.4 消防系统设计要点

（1）从市政不同给水管道（或环网）上分别接入一条给水引入管从车站新风道进入车站消防泵房，每一条给水引入管按通过 100%消防用水设计秒流量计算，两条引入管互为备用，消防时直接利用消防泵从该引入管上抽水加压。引入管上的倒流防止器宜设置于新风道。

（2）当城市给水管网呈枝状时，设置消防水池及消防泵房。

（3）消火栓系统的设置应符合下列规定：

① 车站的站厅层、站台层、设备层、地下区间及长度大于 30 m 的人行通道等处均应设置室内消火栓。

② 消火栓给水系统从引入管引出给水管接入车站消防给水管网，消防给水管网在站厅层水平成环，站台层与站厅层竖向成环。消防环状给水管网采用阀门分成若干独立段，当某段损坏时，停止使用的消火栓不超过 5 个。

③ 车站消火栓的布置应保证每一个防火分区同层有两支水枪的充实水柱同时到达任何部位，且每股水柱流量为 5 L/s 级别，水枪的充实水柱不应小于 10 m。

④ 水消防管网高程最低处静压超 1.0 MPa 时，应采取分区措施，消火栓口出水动压超 0.50 MPa 时，应采用减压稳压型消火栓。

⑤ 最不利点处消火栓兼用试验消火栓功能，消火栓进口处设置阀门和压力表。

⑥ 车站宜采用单口单阀消火栓箱，间距不大 30 m。区间只设消火栓口，间距不大于 50 m。出入口人行通道内的消火栓间距不应大于 20 m。

⑦ 车站端部在进入区间适当位置设置消防器材箱，箱内设消防水龙带及水枪，箱体应采用不锈钢材质。

⑧ 站厅层、站台层以及人行通道公共区的消火栓箱和消防器材箱应全部暗装，设备房区宜暗装或明装，并应不影响消防疏散。

（4）车站附近地面可供消防车靠近的位置设置消防水泵接合器，其数量应满足火灾时供给消防系统全部流量，接合器引入管应引接至消火栓系统最上一层的环网之上。地下车站宜设置在出入口或风亭附近的明显位置，优先设置在就近绿化带内。距离室外消火栓为 15 ~ 40 m。

（5）室外消火栓宜采用地上式，地上式消火栓按 1 个 DN150 和 2 个 DN65 的栓口设计。

室外消火栓数量不应少于2个,其与主要出入口距离为5~40 m,与水泵接合器距离为15~40 m。若路面恢复后40 m范围内有其他市政消火栓也可计算在内。

(6)室外消火栓及水泵接合器应设置永久性标志铭牌,并应标明供水系统、供水范围和额定压力。所有标识应符合现行国家标准《消防安全标识通用技术条件》XF 480.1~6的要求。

(7)消防水池:消防水池设置就地水位显示装置,宜采用磁翻板液位计。水池设置超声波液位传感器上传液位信号。消防水池应设通气管及防虫罩。水池的水位信号(高报警水位、低报警水位)纳入FAS系统,同时车控室显示消防水池实时水位。

(8)消防供水分区宜采用"一车站+一区间"的保护形式,区间不设连通管。区间左线、右线行车行车方向右侧各设DN150区间消防给水管道一根,与被保护区间的消防管道在车站端部相连,连接处设蝶阀,用于日常检修维护,两根区间消防给水管道在下座车站端部风道相连,形成区间环装消防供水管道,区间消防压力及水量由车站提供。

(9)便民服务用房设置的局部应用系统宜采用压力开关联动消防泵。

(10)消防水泵采用2个压力开关及1个流量开关起泵。压力开关在两路出水管上各设置1个;流量开关设置在稳压设备出水管与市政超越管合并管上。

(11)消防水泵吸水管上采用真空压力表,量程为–0.1~1.6 MPa。

(12)地面车站、高架车站、主变电站等地面附属建筑的室内消火栓的设置应符合现行国家标准《建筑设计防火规范》(GB 50016—2022)及《消防给水及消火栓系统技术规范》(GB 50974—2014)的规定。

(13)灭火器的配置应符合下列规定:

车站公共区及设备区、主变电站等均设置灭火器箱,配置和数量按现行国家标准《建筑灭火器配置设计规范》(GB 50140—2019)的要求计算确定。手提灭火器配置场所按严重危险级计算。统一配置磷酸干粉灭火器。车站公共区组合式消火栓箱内宜含磷酸铵盐干粉灭火器4支,其余组合式消火栓箱内宜含磷酸铵盐干粉灭火器2支。电气设备用增设灭火器,两个一组带箱体。

19.5 排水系统设计要点

(1)排水系统的设置应符合下列规定:

① 在车站最低点及区间线路最低点设置废水泵房,泵房废水池内设有两台或两台以上的潜水泵以排除废水。

② 当出入段/场线洞口、地下地面线交接洞口的雨水不能按重力流方式排至洞外地面时,应在洞口内适当位置设排雨水泵站。

③ 车站、区间主废及洞口雨水泵房集水坑应设置两种不同类型的液位传感器。

④ 露天出入口及敞开风井应设排雨水泵房。组合式风亭应结合风井形式，采用共用集水坑形式。

⑤ 当区间水淹风险较大时，应设置应急排水设施。

（2）排水泵站（房）集水池设计排水泵站（房）集水池的有效容积应根据排水量、水泵性能和水泵工作情况等确定，并应符合下列原则：

① 洞口雨水泵站集水池的有效容积不应小于最大一台排水泵 5~10 min 的出水量，并不应小于 30 m³。

② 区间内置式废水泵房集水池的有效容积不应小于 5 m³，车站主废水泵房集水池的有效容积不应小于 20 m³。

③ 其他各类排水泵站（房）的集水池有效容积不应小于最大一台排水泵 15~20 min 的出水量。

④ 排水泵站（房）的设备布置和起重设备的选配等应按照现行国家标准《室外排水设计标准》（GB 50014—2021）的规定执行。

（3）在地下车站站厅层、站台层每 30~50 m 布置一个 DN100 的地漏，排水管接入线路排水沟。在地面进入站厅的人行通道和站厅相接部位，设横截沟并在沟内设 DN100 的地漏，排水管接入线路排水沟。附属结构（风道、出入口、人防设施等）凡是可能出现渗漏水的部位、站厅管线暗敷沟槽等，都应该与建筑设计具体协调，考虑有组织排水。

（4）消防泵房、冷冻机房、通风空调机房设有排水措施。消防泵房排水泵设计能力应满足水泵测试、试水、超压排放等最大排水量需求，且应不低于进水管事故时的溢流排水量。消防泵房应设置挡水坎。

（5）地下车站站台板下建筑设计应设置排水沟坡向车站废水池排水。站台板下排水沟不能排入车站废水池时应设置局部排水系统。

（6）区间主排水泵房的扬水管宜排入相邻车站主废水池或从相邻车站直接出户排入市政污水系统。

（7）洞口雨水泵站宜设两条扬水管（每条扬水管可通过全部设计水量）。

（8）车站排水泵应设计成自灌式，均采用潜水泵，耦合式安装。

（9）便民服务用房预留一路 DN50 的压力排水管及 1 路 DN50 通气管，排水管接至室外泄压井，排入市政污水系统，通气管应接至排风井口部。

（10）卫生间采用不锈钢防返溢地漏，箅子为不锈钢制品，地漏水封高度不小于 50 mm；设置在主体的消防泵房、环控机房及公共区、设备区离壁沟采用直通地漏，箅子为不锈钢制品；地面清扫口采用不锈钢制品，清扫口表面与地面平；淋浴间地漏不小于 DN100。

（11）车站污水泵房系统宜采用带有污物切割粉碎功能、环保节能、稳定可靠的密闭水箱污水提升设备，且设备应具有反冲洗接口。污水泵房小集水坑泵采用耦合连接，扬水管与排污机组压力排污干管连接前应设有检修阀门。

（12）污水泵房提升设备及卫生间排水系统应设通气管，通气管应接至排风井口部，并高于排风井。

（13）冷却塔排水接至市政污水管网，并采用间接排放方式。

（14）高架车站和高架区间。

① 高架车站的主体、附属用房、合建的市政设施（如天桥等）、高架区间桥面，均应考虑雨水及其他排水的有组织排放。

② 车站主体、附属用房及合建的市政设施宜采用重力雨水系统。

③ 车站室内可能进行冲洗及产生飘雨的位置都应考虑排水的有组织排放。

④ 车站出入口扶梯底坑、地下及半地下室等采用重力排水时可能产生倒灌的部位，其排水应设置机械提升。

（15）车站敞开式风亭雨水泵控制箱不得安装在敞口风亭下方。风亭潜水泵控制箱箱体应采用双层门室外电控柜，防护等级不低于 IP55；电控柜外层为玻璃门（可视），应能防渗漏水。

（16）室外井盖应采用五防井盖，应有显著标志和含"宁波轨道交通"的轨道交通专用标志。室外排水泄压井、检查井、化粪池等地下构筑物应优先采用预制装配式混凝土井室，其次采用现浇混凝土井室，不应采用砖砌井室。室外埋地管道在地面应有管道线路标识。

19.6　自动灭火系统设计要点

（1）应选用安全、成熟可靠、技术先进且易于维护管理的灭火系统。对全线地下重要的电气设备用房应选用安全、成熟可靠、技术先进且易于维护管理的灭火系统。宜选 IG541 气体灭火系统。

（2）下列无人值守的重要电气设备用房应设置自动灭火系统：

① 地下车站及区间的通号设备室、通号电池室、商用通信设备室、公安通信设备室、民用通信设备室、信号设备室（含电源室）、弱电综合设备室、弱电综合电池室、环控电控室、照明配电室、站台门控制室、变电所的控制室、0.4 kV 开关柜室、35 kV 开关柜室、整流变压器室、双向变流器室、牵引回馈变压器室等。

② 控制中心的弱电综合设备室、弱电综合电源室、信号设备室、信号电源室、自动售检票机房、线网应急指挥通信系统的设备室和电源室。

③ 地下主变电站的主变压器室、控制室、补偿装置室、配电装置室、蓄电池室、接地电阻室、站用变电室等。

④ 地下、半地下以及有上盖的车辆基地内，位于地下或盖下部分的通信设备室、通信电源室、信息网络设备室、信号微机室、信号设备室、信号电源室、综合监控设备室、综合监控机房及变电所；位于盖上的通信设备室、通信电源室、信号设备室、信号电源室。

（3）系统保护区应集中布置，设备房宜靠近保护区，门向外开启，并应直接通向室外或疏散走道。

（4）系统由管网子系统和控制子系统组成，同时具有自动控制、手动控制和应急操作三种控制方式。

（5）惰性气体类灭火系统保护区的泄压口应设在外墙上，无条件时可设在与走廊相隔的内墙上。

19.7 给排水及消防管材

1. 消防给水管

（1）室内消防给水管采用内外壁热浸镀锌钢管，大于 DN65 的采用卡箍接口，小于等于 DN65 的采用螺纹接口。采用柔性卡箍接口。管道采用卡箍连接时，管道支架的设置应满足《沟槽式连接管道工程技术规程》（T/CECS 151—2019）的要求。

（2）室外埋地消防给水管采用球墨铸铁管。球墨铸铁管选用 T 形胶圈接口，K9 级。

（3）消防管道公称压力不小于 1.6 MPa。

（4）室内管道与室外管道连接处应做好防沉降措施。

2. 生产、生活给水管

室外埋地生产生活给水管小于 DN100 的采用钢塑复合管，螺纹连接，大于等于 DN100 的管采用球墨铸铁管，T 形胶圈接口，K9 级。

站内生产、生活给水管采用防腐蚀、满足强度及生活饮用水水质要求的薄壁不锈钢管材。管径小于等于 DN100 的采用挤压式连接；管径大于 DN100 的采用沟槽连接，与设备、阀门、水表、水嘴等连接时，采用相匹配的专用管件或过渡接头。卫生间墙壁内暗敷时采用覆塑薄壁不锈钢管。薄壁不锈钢管与卫生器具给水配件、水表、阀门或与给水机组、给水设备连接处，宜采用螺纹连接或法兰连接，连接处管件宜采用不锈钢铸件、不锈钢锻压件或铜合金管件。管材应满足《薄壁不锈钢管》（CJ/T 151—2016）的要求，管道施工应满足《建筑给水薄壁不锈钢管管道工程技术规程》（T/CECS 153—2018）的要求。

室内管道与室外管道连接处应做好防沉降措施。

3. 排水管

压力排水管及卫生间外的通气管采用内外涂环氧复合钢管，当管径小于等于 DN80 时，采用丝扣连接，当管径大于 DN80 时，采用刚性卡箍连接；车站重力排水管采用阻燃性 UPVC 管，粘接连接，明设排水立管穿楼板处设置阻火圈。连接开水器的排水管材采用耐高温的排水管材。轨行区地漏排水立管，应外刷一层防火漆。

室外埋地排水管则采用 HDPE 高密度聚乙烯双壁波纹管，环刚度 $\geq 8 \text{ kN/m}^2$。

压力废水管道公称压力不小于 1.0 MPa。

19.8 车辆基地给排水设计技术要点

1. 车辆基地生活生产给水系统设置原则

（1）车辆基地生产、生活均采用市政自来水水源。车辆基地内标高 10 m 及以下的建筑楼层生活给水采用市政直供，环状布置；10 m 以上的建筑楼层生活给水采用变频增压泵加生活水箱的形式二次加压供水。

（2）车辆基地综合楼、食堂公寓等有热水需求的建筑单体设热水供应系统。集中供应热水系统的热源采用"空气源热泵热水机组"。

（3）为响应国家关于海绵城市的号召，同时本着节约用水的原则，收集车辆基地盖外场前区的屋面及道路雨水。雨水经沉淀、过滤、消毒、加压后用于段内绿地及路面浇洒。

（4）其余均按相关规范要求执行。

2. 车辆基地排水系统设置原则

（1）车辆段（车辆基地）生产废水经隔油、气浮处理后汇合生活污水排入市政污水管网；停车场生产废水经隔油处理后汇合生活污水纳入市政污水管网，出水水质均可满足《污水综合排放标准》(GB 8978—1996) 三级标准。洗车库洗车机自带污水处理设施，洗车废水可循环使用。

（2）卫生间生活污、废水合流重力排至室外管网，卫生间污废水经化粪池处理；食堂废水经隔油池处理；淋浴废水经毛发聚集器处理，达到《污水排入城镇下水道水质标准》(CJ 343—2010)、《污水综合排放标准》(GB 8978—1996) 三级标准后排放。

（3）盖体及大库屋面雨水采用虹吸排水系统，虹吸立管沿墙、柱进入地面层雨水消能井后就近接入段内雨水管网。其余盖外建筑屋面雨水系统采用重力流排水。

（4）沿段内道路设置雨水管道和雨水口，汇集后就近重力排入段址周边河道或市政雨水管网。在综合管沟最低点设集水井，由潜水泵提升并经雨水消能井消能后就近接入段内雨水系统。排河口建议加装拍门井或者插板截止阀防止河道雨水倒灌。

（5）食堂热水设备的排水管材采用耐高温的排水管材。

3. 车辆基地水消防系统设置原则

（1）车辆基地室内消防给水采用区域临时高压消防给水系统，均由地下室消防泵房集中加压供水。基地内运用库、检修库、物资总库、综合楼、食堂公寓楼等主要建筑及面积超过 300 m² 的厂房及库房均设置室内消火栓系统。

（2）车辆基地自喷给水系统采用区域临时高压系统，均由地下室消防泵房集中加压供水。综合楼、宿舍楼等按规范设置自动喷水灭火系统，盖下的运用库、工程车库、镟轮库、检修库均设置自动喷水灭火系统。无盖时不设置自动喷水灭火系统。检修库净空高度超过 12 m 时，设置喷射型自动射流灭火装置。有物资库的段场在物资库独立设置一套自动喷水灭火系统消防给水设备。

（3）其余均按相关规范要求执行。

4. 车辆基地其他系统设置原则

（1）充分考虑由于建筑不均匀沉降导致管道穿结构墙处漏水的隐患。车辆基地各单体给水管道埋地入户前设置不锈钢金属软管连接，排水管道出户设置靠墙窨井。

（2）车辆基地内管道避免从轨行区下方穿越，如必须穿越轨行区下方的，压力管道设置大两号钢制长套管，并在轨行区两侧设置阀门及阀门井，重力流管道采用混凝土包管，增强管道可靠性。

（3）运用库、物资库、联合检修库等辅库以及盖外单体综合楼。宿舍楼、公安派出所单体吊顶给水管道需做防结露措施；所有室外露天给水、消防管道（含室外吊装管道）以及盖下运用库、工程车库、联合检修库、镟轮库等大门常开单体主库内（辅跨除外）管道采取防冻保温措施。

（4）给排水各架空管道刷色环，并应注明管道名称和水流方向标识，环圈标志宽度不应小于 20 mm，间隔不宜大于 4 m，在一个独立的单元内环圈不宜少于 2 处。

（5）车辆基地的生活和消防水总表及各单体生活水表应设置智能远传水表，能够实现远程抄表、用水量采集等功能。场段食堂用水设置独立水表。

（6）车辆基地场卫生洁具供电均采用 220 V 交流电/DC 6 V、12 V 直流电。

20 动力照明（含场段）

20.1 车站动力配电、设备区照明技术要点

1. 负荷分级及配电方式

（1）一级负荷：火灾自动报警系统设备、消防水泵、防排烟风机及各类防火排烟阀、防火（卷帘）门、消防疏散用自动扶梯、应急照明、主排水泵、雨水泵、防淹门；通信系统设备、信号系统设备、综合监控系统设备、电力监控系统设备、环境与设备监控系统设备、门禁系统设备、安防设施；自动售检票设备、站台门设备、变电所操作电源、地下站厅站台等公共区照明、地下区间照明、节能控制系统主机等。其中，火灾自动报警系统设备、环境与设备监控系统设备、专用通信系统设备、公安无线系统、信号系统设备、变电所操作电源、地下车站及区间的应急照明为一级负荷中的特别重要负荷。节能控制系统主机为高效机房主机，由环控电控室一级负荷柜配电。

供电要求：站厅、站台层的公共区照明由变电所两段低压母线分别供电，各带约50%的照明负荷交叉配线或采用双电源切换配电方式；其余一级负荷由两路来自变电所不同低压母线的电源供电，一用一备，末端配电箱处自动切换；对于分散的、容量较小的一级负荷，可采用分区域集中设置双电源切换箱，放射式单电源供电。车站应急疏散照明及疏散指示系统采用集中电源集中控制型系统；备用照明由双电源切换装置加集中供电式应急电源装置（EPS）供电；弱电系统特别重要负荷的应急电源采用集中UPS。

（2）二级负荷：设备管理用房（附属房间）照明、普通风机、排污泵、垂直电梯、非消防疏散用自动扶梯、多联机系统等。且停电后不影响轨道交通正常运行的负荷。

供电要求：由降压变电所低压一、二级负荷的母排提供一路电源供电，当变电所一台变压器退出运行时，母联断路器合闸，保持供电。

（3）三级负荷：区间检修设备、附属房间电源插座、车站空调制冷及水系统设备、广告照明、清扫插座等及其他不属于一、二级负荷的用电设备，且停电后不影响轨道交通正常运行的负荷。

供电要求：由降压变电所 0.4 kV 母线引出一路电源供电，当一台配电变压器退出运行时，自动将其从电网中切除。

2. 动力设计

（1）按负荷分级的原则，采用放射式和树干式相结合，以放射式为主的配电方式。

（2）消防设备与非消防设备自变电所低压柜出线起分开供电，自成系统。消防电机的过载保护只动作于报警信号。

（3）在车站两端通风空调机房旁的环控电控室内设环控电控柜，负责本侧风道及通风机房设备的配电及控制。其中消防负荷为一级负荷，其电源由两路来自变电所不同低压母线的电源供电，两路电源一主一备，由环控柜切换装置自动切换，单回路馈线。设置在车站范围内的射流风机由环控电控室的环控电控柜放射式配电或就地设置双电源切换箱进行配电及控制。区间射流风机可采用就地设置双电源切换箱进行配电及控制。设置在专用防排烟机房内的防烟风机及排烟风机可采用就地双电源切换箱进行配电及控制。

（4）不采用变频器或软启动器控制的通风空调设备在通风空调电控柜内设智能马达控制器，通过柜内现场总线和通信网络控制器，向 BAS 系统传递控制反馈信息；采用变频器或软启动器控制的通风空调设备在变频柜或软启动柜处留有与 BAS 的控制接口。两端环控电控室内各设一面控制柜，将通信网络控制器等重要设备设置在控制柜内。风阀采用 PLC 智能控制。

（5）通风空调设备在车站范围内采用就地控制、通风空调电控室控制、车站综控室控制的方式。专用防排烟风机等消防设备由车控室的 IBP 盘强启。

（6）在车站配电室集中设置小动力配电箱，为车站内较分散的用电设备提供电源。配电箱具有监视运维等功能。

（7）区间出入口雨水泵等供电距离较远的非消防负荷可考虑智能中继电源或者升压变压器供电方式。

（8）站台到站厅消防疏散用自动扶梯按一级负荷（双电源）供电。车站出入口自动扶梯应根据建筑专业提资，参与疏散的出入口扶梯按一级负荷供电。

（9）配电干线回路宜按防火分区设计。火灾时通过变电所出线回路切除各防火分区电源。站厅层设备区大端多个防火分区考虑一起切除。

（10）车站采用集中后备电源系统，实现车站各专业后备电源的集中配置统一管理。通信、信号集中配置 UPS，其他系统集中配置 UPS。车站 UPS 宜采用磷酸铁锂蓄电池。

（11）保护与测量要求：

① 0.4 kV 低压开关柜设以下保护：

（a）低压开关柜进线开关应设：短路短延时保护、过负荷保护、接地故障保护、低电压保护。

（b）低压开关柜母联开关应设：短路瞬时保护、短路短延时保护、过负荷保护、接地故障保护。

（c）低压开关柜出线开关应设：短路瞬时保护、短路短延时保护、过负荷保护、接地故障保护。

（d）低压开关柜出线设置多功能表计采集电量等数据。

② 通风空调电控室电控柜设以下保护：

（a）通风空调电控柜出线开关应设：短路瞬动保护、过负荷保护。

（b）通风空调电控柜出线开关（电机回路）应设：短路瞬时保护、过负荷保护、接地故障保护、断相保护。

③ 末端配电箱设短路瞬动保护、过负荷保护、接地故障保护。

④ 通风空调电控室低压柜主要设以下电气测量：

通风空调电控柜进线应设电流、电压、功率、功率因数、电流/电压谐波分量测量等；风机回路的电能计量，可以通过电动保护模块或表计采集。

3. 照明设计

（1）车站照明分为正常照明（公共区照明、设备和管理用房照明、广告照明、导向标志照明、出入口照明及区间正常照明等）、应急照明（包括备用照明、疏散照明和疏散指示）。正线车站采用直流集中智能照明系统（区间除外）。车站正常照明采用直流 220 V 电压等级。

（2）车站照明配电箱原则上设置在车站站厅、站台两端的照明配电室内，两端照明配电室供电范围以车站中心线为界。配电采用放射式与树干式相结合的方式。站厅、站台公共区照明电源分别引自降压变电所的两段母排，每路电源各带 50%的灯具，以交叉方式供电，并均匀布置。公共区照明也采用双电源切换配电方式。

（3）广告照明在车站两端配电室内设专用配电箱，并由降压变电所 0.4 kV 三级负荷母线段直接供电。

（4）站台板下电缆通道（变电所电缆夹层）设安全特低电压照明，电源采用直流 36 V。

（5）照明控制要求：

站厅、站台、出入口的公共区正常照明、标识照明、广告照明、区间照明等采用智能照明系统，可在照明配电室和车站综控室控制。附属用房的正常照明就地控制。

公共区正常照明采用智能照明系统，根据运营不同需求进行不同模式控制。

（6）消防应急照明和疏散指示系统要求：

消防应急照明和疏散指示系统采用集中电源集中控制型系统。系统由应急照明控制器、应急照明集中电源和集中电源集中控制型消防应急灯具等组成。

系统的应急照明控制器设置在车站控制室内，控制器蓄电池组供电时持续工作时间不小于 180 min。站内集中电源设置在各照明配电室内，区间集中电源箱设置在各照明配室或区间联络通道内，集中电源蓄电池组供电时持续工作时间不小于 90 min。

在车站站厅、站台、出入口通道，区间隧道，设备用房走道、疏散口，以及车控制室、消防泵房、配电室等火灾时仍需工作的场所设置疏散照明灯、疏散指示标志灯。气灭保护区域房间的出口处设安全出口标志灯。

疏散照明灯具及疏散指示采用 A 型直流 36 V LED 光源，灯具带独立地址，通过无极性二总线（电源+通信）接入本区域应急照明集中电源。

应急照明和疏散指示系统与 BAS/FAS 系统通信，自动获取火灾报警点信息或消防联动信号，自动进入应急状态。非火灾模式，当相应区域的正常照明电源断电后，可实现灯具应急点亮。

（7）备用照明要求：

① 在车站两端的配电室内各设置一套备用照明电源装置（EPS）。每套 EPS 电源装置从降压变电所 0.4 kV 两段低压母线上各引一路电源，两路电源互为备用、末端切换。车站站厅、站台两端的配电室内也可以各合设一套备用照明电源装置（EPS），备用照明电源装置（EPS）宜设置在站厅层照明配电室。

② 车站备用照明由应急照明电源装置（EPS）供电，正常时由交流旁路供电，事故时由蓄电池输出再逆变为交流 220 V 给灯具供电，宜采用不经过逆变的直流供电，电压等级为直流 220 V。备用照明的蓄电池容量在事故状态下应满足不少于 90 min 的供电要求。

③ 在变电所、配电室、通风空调电控室、通信机房、信号机房、消防水泵房、事故风机房、车控室、站长室以及火灾时仍需工作的房间设置备用照明。

④ 火灾情况下由 FAS 通过 EPS 装置接触器强制点亮设备区备用照明。车站附属房间备用照明设置就地开关，可以实现平时正常情况下的开启和关闭。

（8）主要场所的照度标准：各类场所的照度参照《建筑照明设计标准》（GB 50034—2013）、《城市轨道交通照明》（GB/T 16275—2008）、《建筑节能与可再生能源利用通用规范》（GB 55015—2021）的要求，各主要场所的照度及照明功率密度（LPD）如表 20-1 所示，其中的照明功率密度（LPD）值为上限值。灯具的光视效能按 100lm/W 计算，利用系数取值 0.7，维护系数取值 0.7。

表 20-1　照度标准值表

序号	场所	平均照度/lx	备用照明/lx	疏散照明/lx	功率密度/（W/m^2）	参考平面
1	站厅公共区	200	—	5	8	地面
2	站台公共区	150	—	5	6	地面
3	车站控制室	300	300	1	9	工作面
4	售票室	300	30	—	9	工作面
5	会议室、办公室	300	30	—	9	工作面

续表

序号	场所	平均照度/lx	备用照明/lx	疏散照明/lx	功率密度/（W/m²）	参考平面
6	站长室	300	150	—	9	工作面
7	通信、信号等重要机房	150	75	—	6	工作面
8	配电室、控制室或综控室	300	300	1	9	工作面
9	卫生间	100	—	—	4	地面
10	出入口通道及楼、扶梯	150	—	5	6	地面
11	消防泵房	100	100	1	4	地面
12	防排烟机房	100	100	1	4	地面
13	一般风机房、泵房	100	10	—	4	地面
14	风道	10	—	—	1	地面
15	区间隧道/道岔区	5/20	—	3	—	轨道平面

（9）车站正常照明光源以 LED 为主。灯具的形式应在满足功能要求的情况下满足建筑装饰的安装要求和色彩要求。同时，灯具的布置应简洁、实用、便于安装和维修。

（10）保护及测量要求：

① 广告照明和商业用电负荷设置单独计量。

② 照明配电箱及其他照明设备设短路瞬动保护、过负荷保护。

③ 凡乘客在正常情况下可能触摸到的用电设备（如 ATM 机等）、移动式用电设备电源插座箱等加设剩余电流动作保护电器。

④ 插座回路均应装设剩余电流动作保护电器。

⑤ 除站台板下（变电所电缆夹层）外的直流 36 V 安全特低压照明外，所有灯具及配电箱外壳等均应与 PE 线可靠电气连接。

4. 人防专业配电要求

车站按 6 级人防设防，防化等级为丁级，为一般设防站。人防一级负荷包括车站战时应急照明和战时应急通信负荷。区间人防门疏散小门处应设置正常照明和应急照明。其中车站战时应急照明由平时应急照明及疏散指示系统电源兼顾，应急照明区域疏散通道和人员掩蔽场所安全照明的照度值不应低于 1 lx，时间不小于 3 h；战时应急通信负荷在车站 EPS 柜预留回路，负荷容量 3 kW。人防二级负荷包括车站各设防孔口处的人防门及其阀门，人防加压风机和防护设备信号电源。

5. 电线、电缆选型及敷设方式

（1）根据《电缆及光缆燃烧性能分级》（GB 31247—2014），火灾时仍需运行的设备：消防负荷环控电控柜、消防泵配电箱、消防小动力双切箱、疏散扶梯配电箱、FAS 配电箱、

EPS电源柜进线回路以及环控柜专用消防风机馈线回路选用矿物绝缘类不燃电缆（铜芯云母带矿物绝缘波纹铜护套聚烯烃外护套无卤阻燃 B1 类电力电缆，对于大于 95 mm^2 的电缆宜考虑单芯敷设）或低烟无卤 B1 类铠装耐火电缆；其他重要负荷设备选用低烟无卤 B1 类铠装耐火电缆或者低烟无卤 B1 类阻燃耐火铜芯导线穿钢管；一般用电设备缆线选用低烟无卤 B1 类铠装阻燃电缆、低烟无卤 B1 类阻燃铜导线。电线、电缆烟气毒性为 t0 级，燃烧滴落物/微粒等级为 d0 级。

（2）配电干线电缆沿电缆桥架、支架敷设在电缆竖井、站台板下及吊顶内，电缆桥架及管线的敷设要满足消防规范的要求，一级负荷供电的两回路电缆及向同一负荷供电的两回路电缆在同一桥架内敷设时敷设在防火隔板两侧。电缆井宜分消防电缆井、非消防电缆井设置。电缆井内消防负荷两路电缆分别从井内不同电缆孔敷设，当只有一个电缆孔时，消防负荷主用回路单设桥架敷设。消防桥架、非消防桥架宜分开设置。

（3）消防用电设备的配电线路暗敷设时，穿金属导管敷设在不燃烧体结构内，且保护层的厚度不应小于 30 mm。消防用电设备的配电线路明敷时（包括敷设在吊顶内），应穿金属管或封闭式金属线槽，并应采取涂防火涂料等防火保护措施。

（4）站台板下及变电所夹层内动力照明电缆敷设在供电所设电缆支架从上往下数第二、三层上。

（5）过变形缝的电缆桥架及管线要有补偿措施，进行相应处理。电缆桥架、管线在穿越墙体及楼板处、多重管线穿越盘柜底部等处均应防火封堵。电缆竖井内的电缆敷设完成后，井口处均应防火封堵。防火封堵材料应采用无卤不腐蚀材料，材料的伸缩性、烟密性、水密性、气密性、隔音、防火实效、黏结力等均应满足相关规范要求。

（6）站台板下（变电所电缆夹层）照明的导线敷设采用阻燃电线穿热镀锌钢管沿顶板或墙面敷设，镀锌钢管应保证与结构钢筋严格绝缘。

（7）所有穿越人防单元主体结构及防护密闭门处门框墙的电线、电缆穿人防预留（动照）管敷设，一根电缆穿一根密闭管，并按人防要求做防护密闭处理，满足《人民防空地下室设计规范》（GB50038—2005）及图集 05SFD10、07FD02 的规定。过人防门处的导线宜采用护套线。

（8）线缆进出线配电箱（柜）采用电缆引入系统。

（9）对于内径大于等于 60 mm 的电气配管及重力大于等于 150N/m 的电缆梯架、电缆槽盒均应满足抗震要求，待完成机电工程招标后，由中标单位依据规范进行深化设计，并负责计算、设计、施工安装、验收等事宜。

6. 设备选择及安装方式

设备选型应满足地铁环境要求，选用技术先进、生产工艺成熟可靠、结构紧凑、便于安装和维护的节能型产品。所选用的设备应具备防火、防震、防霉及低噪音、低损耗性能。

低压开关柜选用固定安装的低压固定柜，环控电控柜选用固定安装的低压抽屉柜，照明配电室内公共区照明总箱、EPS柜选用固定安装的配电柜，照明分箱及小动力配电箱选用固定安装配电箱。

配电箱及控制箱在公共区及装修要求较高的设备房间采用暗装方式，在一般设备房间采用明装方式。照明配电室内配电柜、环控电控柜、EPS柜落地安装，其余配电箱底边距地1.4 m安装。照明控制面板等距地1.3 m安装，并应和门禁等设备具有相同安装高度；有门禁的门应设置照明控制面板。插座箱或插座的一般安装高度为距装修面0.3 m，对于潮湿房间（如开水间、冷水机房等）的插座箱或插座安装高度为距地1.4 m，对于车站变电所、环控电控室房间插座距地0.5 m安装。局部等电位端子箱距地面0.3 m安装，弱电机房接地端子箱与配电箱并排底边齐平安装。

照明灯具在有吊顶的场所应按建筑专业的装饰要求选择安装方式；无吊顶的房间选用壁挂式或管吊式安装为主，安装高度以各平面布置图为准。

安全出入口标志距门框上部200 mm安装，疏散指示标志灯暗装于疏散走廊及转角处的墙面或柱子上，底边距地0.5 m。

无障碍厕位旁边设求助按钮，底边距地0.5 m，门外设求助警铃，底边距地2.5 m。

在公共区墙体、走廊墙体上暗装的配电箱箱体外制作装饰门（带锁），装饰门外表面与墙体装修相统一。

消防设备配电自成系统，消防配电设备应采用红色文字标识、其配电设施应标注明显的"消防"标识（一般为圆形红色不干胶贴纸，直径为50 mm）。

消防用电气设备按消防产品的有关规范选择，消防产品要通过CCCF消防认证。安装在排烟机房、排热风道内的箱体需满足耐高温（280°）60 min要求。

车站设备区、公共区照明灯具均采用Ⅰ类灯具，并采用节能、高效、LED"绿色"光源。显色指数Ra≥80，色温约为4000K。

为便于运营人员检修，照明配电室EPS柜后应有不小于0.8 m的距离。

车站箱体的电缆应采用下进下出方式。如箱体体积太大，采用落地安装，可采用电缆上进上出方式，应避免车站渗水落入箱体。

7. 电气火灾及消防设备电源监控系统

（1）车站设电气火灾监控系统，电气火灾监控系统探测器设置在变电所0.4 kV开关柜内各配电回路馈出处，采用剩余电流式电气火灾监控探测器和感温探测器。

电气火灾监控系统采用监控主机+监控探测器的结构，监控主机设置在车控室内并留有与ISCS的通信接口。剩余电流检测设定值应考虑配电系统内固有泄漏电流（与线路长短、设备多少有关），变电所重要出线回路一般设定值为200 mA以下。

（2）车站设消防设备电源监控系统，对消防设备的电源（通风空调电控柜、ISCS、气灭、消防泵、EPS、事故疏散用自动扶梯等）进行实时监控。通过检测消防设备电源的电流、电压值和开关状态，判断电源是否存在断路、短路、过压、欠压、过流以及缺相、错相、过载等状态进行报警和记录。监控主机采用集中式、模块化设计，模块只作用于报警信号，不切断电源。消防电源监控主机设置在车控室内并预留与FAS的接口。

8. 接地与安全

（1）车站及区间的低压配电接地型式采用TN-S系统。

（2）车站照明配电室、环控电控室、污水泵房、冷冻机房、消防泵房、废水泵房及区间水泵房等潮湿场所设置局部等电位联结箱。

（3）插座回路设保护人身安全的漏电断路器。

（4）车站范围内的电缆桥架及其支吊架和引入（出）金属电缆、导体均应进行保护接地，且应满足《电缆桥架安装》（04D701-3）的相关要求。

（5）房间内所有电气设备金属外壳、钢门窗、铁爬梯、金属管线、天花、龙骨、金属扶手等金属构件要做等电位的连接，构件应通过 WDZB1-YJY-1x6 mm^2 铜芯电缆或 40 mm × 4 mm 镀锌扁钢与就近等电位端子排可靠联结，票亭的金属构件直接引至就近的等电位端子排。

（6）电子信息机房防静电活动地板的接地安装和等电位联结应满足《防雷与接地》（15D500～15D504）的相关要求。

（7）接地端子箱各个车站统一要求：1个端子只允许接入1根电缆或电线；端子之间的距离不小于 40 mm；螺杆、螺母材质为铜；采用ϕ15 螺杆；螺母冲向目视侧；螺母不应采用上、下两层方式。

9. 防　雷

（1）车站户外设施（冷却塔等）按国家标准《建筑物防雷设计规范》（GB 50057—2010）进行防雷设计。车站出入口、高风亭处等建筑物设施防雷利用结构基础内的钢筋作自然接地装置，并预留人工接地条件。

（2）车站内引至地面设备配电回路在有电源引入（出）处安装三相电压开关型SPD作为保护；电子信息设备根据系统要求设SPD保护。

10. 节能与环保

（1）降压变电所设置于用电负荷中心侧，减少了电缆长度，并根据负荷计算确定合理的电缆截面，达到减少电力线路电能损耗的目的。

（2）提高设备的功率因数，减少线路上的无功损耗。

（3）车站灯具采用LED光源，公共区正常照明采用智能控制，根据需求进行控制，达到绿色照明和节能的目的。

（4）车站照度按照相关规范要求并严格控制 LPD 值，各房间或场所的照明功率密度值不高于《建筑照明设计标准》规定的目标值。

（5）车站设置风水联调控制系统，根据温湿度环境，变频控制大系统回排风机、组合式空调机组、冷却塔、冷冻泵、冷却泵，降低能耗。

（6）对有害谐波采取治理措施。如变频器处加装电源滤波器可抑制整流和逆变产生的谐波。

20.2　区间技术要点

20.2.1　设计原则

1. 负荷分级及配电方式

（1）一级负荷：区间应急照明、地下区间照明。供电要求：由降压变电所两段 0.4 kV 母线各引出一路电源供电，两路电源互为备用、末端切换，以实现不间断供电。其中区间应急照明为特别重要负荷，设置集中电源集中控制型应急照明及疏散指示系统，供电时持续工作时间不小于 90 min。根据目前施工界面，区间废水泵、区间射流风机这种一级负荷配电不在区间施工范围，在车站施工范围。

（2）三级负荷：区间检修设备。供电要求：由变电所 0.4 kV 母线一路电源供电，当一台配电变压器退出运行时自动将其从电网中切除。

2. 区间照明配电设计

（1）区间正常照明给分箱供电干线采用交流 380 V 供电，分箱各回路采用交流 220 V 照明。

（2）区间正常照明总箱设于车站站台层照明配电室内，第一个分箱设在距离车站端头约 100 m 处，每隔 200 m 设置一个分箱，为前后 100 m 的正常照明灯具配电。

（3）车站及区间设置 A 型集中电源集中控制型应急照明及疏散指示系统，区间应急照明集中电源应尽量设置在车站照明配电室，为前后区间长度应急疏散照明及疏散指示配电。当区间供电距离远，线缆截面过大，个别区间应急照明集中电源可考虑设置在联络通道内。

（4）区间正常照明选用壁装隧道交流 LED 灯，间隔 5 m 设在单线隧道行车方向的左侧墙上。

（5）区间疏散照明灯采用直流 36 V LED 灯，间隔 10 m 设在单线隧道行车方向的左侧墙上。

（6）区间隧道每 10 m 设置一套可控制指示方向的双向疏散指示标志灯，通过应急照明控制器接收远程信号实现控制。米标宜通过远程输入方式输入。

（7）在区间联络通道口设置安全疏散口标志灯；联络通道内设消防疏散照明。

3. 区间检修配电箱配电设计

（1）区间检修插座分箱电源由站内的三级负荷配电柜接引。检修电源插座分箱设置在行车方向右侧，分箱电源电缆环进环出。

（2）区间每隔 100 m 设一个检修电源插座分箱，容量为 15 kW，同一回路同一时刻仅能使用一个插座箱，不考虑同时使用。第一个检修电源插座分箱设置在距离车站端头 50 m 处。

20.2.2　线缆选型及敷设

（1）区间应急照明干线选用低烟无卤阻燃耐火电缆，区间正常照明干线选用低烟无卤阻燃电缆，区间维修电源箱电缆选用低烟无卤阻燃电缆。正常照明支线采用铜芯阻燃导线穿钢管敷设，应急照明支线采用铜芯耐火无极性二总线（电源+通信）穿钢管敷设。

（2）电缆、电线的燃烧性能不低于 B1 级。电缆、电线烟气毒性为 t0 级，燃烧滴落物/微粒等级为 d0 级。

（3）地下区间照明干线电缆在动力照明电缆支架上敷设，由电缆支架至灯具处明敷设在隧道壁上，采用镀锌钢卡固定。

（4）为消防设备配电用的导线明敷设时，所穿金属管应采取防火保护措施（涂刷防火涂料）。

（5）线缆穿越区间内人防密闭门、防护隔断门穿预埋套管敷设。施工完成后，所有穿越隔墙及配电箱的电缆孔洞应进行防火封堵。

20.2.3　设备的选型及安装

（1）区间照明、检修分箱明装，箱体及灯具详细高度位置应参见限界图纸。

（2）正常照明分箱可采用不锈钢或聚碳酸酯材料；检修分箱壳体采用聚碳酸酯材料；消防应急集中电源采用拉丝不锈钢板。箱体应具有防水、防尘、防腐及防震性能，防护等级 IP65，区间各配电箱开门方向应与行车方向相反。

（3）地下区间照明分箱、检修电源插座分箱在隧道壁上明装，每个箱体采用 4 个 M6×10

膨胀螺栓固定。检修电源插座箱和其他箱体设备冲突时可适当调整前后位置错开布置。消防应急集中电源宜设置在照明配电室，明装箱体采用 4 个 M6×10 膨胀螺栓固定。底部应用支架固定。

（4）照明灯具选用 LED 灯具，应为面光源，有防眩光、防溅及节能和寿命长等优点。照明灯具的外壳防护等级均为 IP65，所有设备应具有防震、防尘、防潮的功能或措施。

（5）区间方向标志灯采用带米标的双向可变方向标志灯，米标分别指示两侧疏散出口距离。灯具图形、文字选用及表面亮度要求参照《消防应急照明和疏散指示系统》（GB 17945—2010）的要求执行。

（6）消防应急集中电源、疏散照明灯具及疏散指示等设备应满足 CCCF 及消防规范相关要求。

（7）区间各类箱体的电缆应采用下进下出方式。

20.3 公共区照明技术要点

1. 负荷分级及供电要求

（1）一级负荷：应急照明、车站出入口通道公共区的正常照明、安检设备用电等，其中应急照明为一级负荷中的特别主要负荷。车站采用集中控制型集中电源应急照明及疏散指示系统；公共区正常照明取自照明配电室的正常照明配电箱（柜）；安检设备电源引自站厅照明配电室一级小动力配电箱（柜）。

（2）二级负荷：导向标识牌配电，电源取自照明配电室的正常照明配电箱（柜）。

（3）三级负荷：广告照明、清扫插座、票亭插座、售卖机插座等。广告照明电源取自照明配电室的广告照明配电箱（柜）。清扫插座、售卖机插座取自照明配电室的三级小动力配电箱（柜）。

2. 直流系统

直流照明系统采用 IT 接地方式。电压等级为直流 220 V。直流照明系统应有绝缘检测、防止交流窜入功能。

直流系统的每个直流回路需具备电流、漏电流等检测功能，过流阈值可通过软件设定。当发生回路电流或漏电流过大时，直流回路应能快速通过控制直流接触器关断故障回路。

整流模块组：交流母线、断路器、整流模块、浪涌保护器和后备保护器等，直流照明系统供应商应负责整流模组的配置。模块应有冗余。

在每个墙面导向牌、广告灯箱、地铁徽标、垃圾桶灯箱、室外低空照明、离壁墙灯带设备处，设置直流 220 V/直流 48 V 转换箱后，再接入导向牌。直流 220 V/直流 48 V 转换箱为甲供。直流 220 V/直流 48 V 转换箱应具有防水功能，保证潮湿环境下的人身安全。如采用直流 220 V 给上面的设备直接供电，应对上面的设备做人身安全防护处理。

3. 配电设计

（1）车站公共区照明分为正常照明、应急照明、导向标识照明、广告照明。应急照明包括疏散照明及疏散指示。

（2）车站照明配电箱（柜）设置在车站站厅、站台两端的照明配电室内，两端照明配电室供电范围以车站中心线为界。

（3）车站照明采用放射式与树干式相结合的方式，公共区照明以树干式配电方式为主。站厅、站台公共区照明电源分别引自降压变电所 0.4 kV 开关柜的两段母排，每路电源各带 50%的灯具，以交叉方式供电。公共区照明也可以采用双电源切换配电方式。

（4）出入口通道照明电源引自站厅照明总配电箱的出入口照明回路，采用两回路交叉配电。地面厅照明配电箱出入口就地设置，扶梯上方灯具的驱动模块分设。

（5）本工程消防应急照明和疏散指示系统采用集中电源集中控制型系统。系统由应急照明控制器、应急照明集中电源和集中电源集中控制型消防应急灯具等组成。A 型集中电源设置于照明配电室内，蓄电池组供电时持续工作时间不小于 90 min。应急照明和疏散指示系统与 BAS/FAS 系统通信，自动获取火灾报警点信息或消防联动信号，自动进入应急状态。非火灾模式，当相应区域的正常照明电源断电后，可实现灯具应急点亮。

（6）公共区及出入口正常照明灯具采用直流调光控制，导向照明、广告照明、飞顶照明，采用分回路开关智能控制。可在照明配电室就地手动控制和 BAS 系统车控室集中控制。调光智能控制系统的控制器设置在照明配电室的照明柜和车控室，系统的功能主要是根据需求进行调光控制。智能照明控制系统可以实现各种控制方式，且满足运营的要求。

（7）各类场所的照度参照《建筑照明设计标准》（GB 50034—2013）、《城市轨道交通照明》（GB/T 16275—2008）的要求，各主要场所的照度及照明功率密度（LPD）如表 20-1 所示。

（8）广告照明设置单独计量。

4. 电缆选型及线路敷设

（1）火灾时仍需运行的设备供电线缆选用低烟无卤耐火铠装电缆或耐火铜导线，其他缆线选用低烟无卤阻燃铠装电缆和阻燃铜导线。从照明配电室配电箱出线至公共区第一个灯具（含正常照明、导向照明）均采用电缆敷设，以后采用与馈出电缆同截面的导线穿镀锌钢管敷设。疏散照明采用耐火无极性二总线（电源+通信）接入本区域应急照明集中电源。

（2）配电主干线路可在金属线槽 MR 或桥架 CT 内敷设，在公共区内改由穿镀锌钢管 SC 吊顶内（SCE）或在墙内（WC）、地面（FC）暗敷。

（3）明敷应急照明及疏散指示配管外需涂防火漆。

（4）照明回路跨人防段配电时应设置熔断器。

（5）LED 灯具的驱动电源为恒流源，电压偏差 10%在可控范围内，不影响使用寿命。

5. 设备选型及安装

设备选型应满足地铁环境要求，选用技术先进、生产工艺成熟可靠、结构紧凑、便于安装与维护的产品。

车站站台、站厅公共区每 25 m 左右设置清扫用移动电器的电源插座，清扫插座采用安全型插座。

公共区卫生间插座安装高度为 1.5 m，其他插座距地 0.3 m 或埋地安装。

应急照明灯具及疏散指示灯具应满足 CCCF 消防认证需求。应急灯具设置区别标示，标示采用圆形红色不干胶，每套应急照明灯具粘贴一套，不干胶标示尺寸半径为 15 mm。

6. 安全与接地

（1）插座回路设保护人身安全的剩余电流动作保护电器。

（2）安检设备的等电位端子箱安装在吊顶内的柱子上，并留有从等电位箱接安检设备外壳的接地电缆线槽通道。

（3）车站公共区范围内的金属构件（如天花、龙骨、金属扶手等）需可靠接地。在车站站厅四周设置环形接地扁钢，接地扁钢（镀锌 40 mm×4 mm）不少于 2 处与车站设备区综合支吊架内接地扁钢可靠连接。环形接地扁钢高度距离公共区地面装修完成面 1.5 m，并延伸到出入口通道的步梯处；遇出入口或门洞等无法按照此高度敷设时，接地扁钢距离出入口或门洞边沿 0.5 m 处，沿墙朝上敷设至与天花板齐平后水平敷设直至躲过门洞 0.5 m 处，再沿墙朝下敷设至 1.5 m 高处继续敷设，在站厅中部纵梁侧面离梁底 50 mm 处贯通后与环形的接地扁钢连接，之后沿每个柱引下至公共区地面装修完成面 0.5 m 处；站台在中部的纵梁侧面离梁底 50 mm 做贯通，之后沿每个柱引下至公共区地面装修完成面 0.5 m 处。天花板、龙骨和金属扶手的电气连接及其与接地扁钢的连接采用铜芯导线 WDZB1-BJY-6 mm^2，票亭的金属构件直接引至就近的接地扁钢。

20.4 段场技术要点

20.4.1 负荷分级及供电要求

段场内所有动力照明负荷由基地内设置的牵引降压混合变电所及跟随所负责。

变电所低压开关柜采用抽屉式柜，柜内低压断路器额定电流大于等于 800 A 时，采用框架式断路器；小于 800 A 时，采用塑壳断路器。

变电所内低压开关柜保护：进线总开关设过流保护、过负荷保护、短路短延时保护、接地保护、失压脱扣保护等。母联分段开关设过流保护、短路瞬时保护、过电流闭锁、备用电源自投。一般出线开关设过电流保护、短路瞬时保护、过负荷保护。

负荷分级及供电要求：

（1）一级负荷：变电所所用电、应急照明、通信系统设备、信号系统设备、防灾报警系统设备、电力监控系统设备、环境与设备监控系统设备、消防系统设备及雨水泵等。

一级负荷供电要求：由变电所两段低压母线各馈出一路专用电源，末端切换（自投自复），以实现不间断供电。当供电的低压系统的只有一个电源供电时，应确保供电。

（2）二级负荷：一般设备管理用房照明、各类库房照明、电梯、给排水设备、试验设备、通风等。

二级负荷供电要求：由低压一、二级负荷母线馈出一路电源供电。当供电的低压系统只有一个电源供电时，应维持供电。

（3）三级负荷：一般办公室照明、普通空调、电热设备、检修设备、车位充电桩、路灯照明及景观照明等。

三级负荷供电要求：由三级负荷母线馈出一路电源供电，当供电系统一路电源失电时，应在变电所自动切除该部分负荷。

20.4.2 动力设计

（1）动力设备根据工况采用就地控制和自动控制。

（2）动力设备配电装置一般设短路、过负荷和接地保护，动力插座、插座箱、移动式用电设备增设漏电保护。消防设备的过负荷保护只作用于报警信号，不作用于切断电源。

（3）动力设备容量较小的电机采用直接启动，有变频要求的电机采用变频启动，无变频要求容量较大的电机采用降压启动，消防类电动机负荷优先采用全压启动或星三角启动，消防水泵、防烟风机和排烟风机不得采用变频调速器控制。

（4）火灾工况下，非消防供电回路在变电所低压柜中由 FAS 切除，或在各单体建筑配电柜中切除。非消防照明供电尚应能按消防分区由 FAS 切除。

（5）通号设备、FAS 系统不应与其他动力设备共用配电箱，应独立设置配电箱。通号设备、FAS 系统应由 0.4 kV 开关柜放射式配电。

（6）电缆井不宜设置箱体。如因土建面积不够而设置在电缆井，箱体的电缆应采用下进下出线。

（7）动力照明设备不应设置在消防水池侧壁。

20.4.3 照明设计

1. 照明种类划分

各建筑物室内照明主要包括一般照明、应急照明（分为备用照明与疏散照明）。有检查坑的场所，坑内设安全特低电压照明。室外道路、道岔区及出入段线（U 形槽段、路基段）设室外照明。

2. 照明配电系统及配电方式

（1）照明配电采用放射式和树干式相结合，以放射式为主的配电方式。

（2）单体建筑物室内照明由配电室（或控制室）内的照明配电箱配电，多层建筑物室内照明由每层照明配电箱配电。

（3）库区照明由配电柜（箱）分区分回路方式供电。

（4）安全工作照明：检查坑内设置安全照明，采用安全特低电压照明。安全照明由安全隔离照明变压器供电，安全变压器电源由就近的照明配电箱单独回路供给。

（5）运用库、检修库、物资总库、工程车库等高大空间库房的顶棚照明采用直流照明系统，并采用智能照明系统控制。

3. 消防应急照明及疏散指示系统

（1）段场内应设置消防应急照明及疏散指示系统，各单体建筑根据《消防应急照明和疏散指示系统技术标准》（GB 51309—2018）选择设置集中控制型或非集中控制型系统，其中设有消控室或设置火灾自动报警系统的单体建筑应设置集中电源集中控制型系统。

各单体建筑内的不同区域应根据《民用建筑电气设计标准》（GB 51348—2019）及《消防应急照明和疏散指示系统技术标准》（GB 51309—2018）及《建筑设计防火规范》（GB 50016—2014）的相关章节确定各区域的应急照明照度标准。其中，公共建筑的敞开楼梯间、封闭楼梯间、防烟楼梯间及其前室、消防电梯间的前室或合用前室的消防应急疏散照明照度不应小于 10 lx。疏散走道上方或侧上方等平面疏散区域疏散照明照度不应小于 3.0 lx。安全出口外面及附近区域、配电室、消防控制室、消防水泵房等发生火灾时仍需工作、值守的区域的消防应急疏散照明照度不应小于 1.0 lx。室外盖下消防车道应急疏散照明照度不应小于 5.0 lx。

（2）在消防应急照明及疏散指示系统应急启动后，集中电源的蓄电池电源供电的持续工作时间不应小于 1.5 h。应急照明控制器自带蓄电池电源，蓄电池持续放电时间 ≥3 h。

（3）火灾状态下，各场所的灯具光源应急点亮的响应时间不应大于 5 s。具有两种及以上疏散指示方案的场所，标志灯光源点亮、熄灭的响应时间不应大于 5 s。

（4）消防应急照明和疏散指示系统的灯具按《消防应急照明和疏散指示系统技术标准》（GB 51309—2018）选取：设置在距地 8 m 及以下的灯具采用 A 型灯具。8 m 以上的灯具采用 B 型灯具。

（5）备用照明：在消控室、变电所、配电室、通信机房、信号机房、消防水泵房、消防风机房以及火灾时仍需工作的房间设置备用照明，备用照明采用同防火分区内的消防电源双切箱供电。

4. 照度标准

室内照明照度标准参照《建筑照明设计标准》（GB 50034—2013）及《城市轨道交通照明》（GB/T 16275—2008）；室外照明照度标准参照《城市道路照明设计标准》（CJJ 45—2015），其中盖下范围内的室外道路照度标准宜不低于 10 lx。

5. 光源及灯具的选择与布置

（1）在厂（库）房等内部空间较高且相对显色性要求较高的区域，采用高显色性 LED 为光源的灯具，同时采用直流照明配电，便于运维。办公及设备用房照明采用 LED 灯。检查坑、电缆夹层区域采用 LED 灯。

（2）盖外区域室外道路设置路灯照明，盖下区域室外道路和咽喉区采用壁装 LED 灯具照明。室外照明各灯具光源均为 LED 光源。

6. 照明控制

照明控制采用集中控制和分散控制相结合的方式。运用库、物资总库、工程车库、检修库等场所室内照明控制采用智能照明系统主机集中控制或就地智能面板控制，智能照明主机设置于 DCC 房间内；其余生活及办公用房采用就地开关控制。

室外照明盖下部分以壁装 LED 灯具为主，纳入智能照明控制系统，既可以就地控制，也可以采用时钟控制、远程控制。

室外照明盖外路灯控制部分纳入智能照明控制系统，在门卫室设置智能控制面板，既可以就地控制，也可以采用时钟控制、远程控制。

20.4.4 线缆的选型及敷设

室外电力干线电缆宜主要采用电缆沟方式敷设，在敷设路径与供电专业一致的情况下可与供电电缆沟共沟敷设，动照专业提资所需的敷设空间，其余电缆采用直埋或穿保护管敷设的方式；盖下室外区域电缆沟辐射范围外也可采用桥架敷设。

室内配电采用无卤低烟阻燃电缆或阻燃铜导线，事故时仍需运行的设备采用无卤低烟耐火型电缆或耐火铜导线。室外配电采用无卤低烟阻燃铠装电缆，事故时仍需运行的设备采用无卤低烟阻燃耐火型铠装电缆。专用消防负荷采用矿物绝缘电缆敷设。其中耐火电缆和矿物绝缘电缆的阻燃性能应不低于 B1 级，其余电缆的阻燃性能应不低于 B2 级。

20.4.5 消防电源监控及电气火灾监控系统

1. 消防电源监控系统

段场内应设置消防设备电源监控系统，对消防设备的电源（消防风机配电箱、FAS、气灭、消防泵等）进行实时监控。通过检测消防设备电源的电流、电压值和开关状态，判断电源是否存在断路、短路、过压、欠压、过流以及缺相、错相、过载等状态进行报警和记录。监控主机采用集中式、模块化设计，模块只作用于报警信号，不切断电源。消防电源监控主机设置在消控室内并预留与 FAS 的接口。

2. 电气火灾监控系统

段场内应设置电气火灾监控系统，电气火灾监控探测器设置位置以设置在低压配电系统首端（即变电所低压柜馈线侧）或单体建筑动力照明总配电箱为基本原则，电气火灾监控主机设置在段场的主消控室内，根据段场规模在其他单体的消控室或 FAS 设备室设置区域分机。对于高度大于 12 m 的空间场所，电气线路应设置电气火灾监控探测器，照明线路上应设置具有探测故障电弧功能的电气火灾监控探测器。

电气火灾监控系统采用分层分布式结构，由电气火灾监控主机、剩余电流式电气火灾监控探测器和剩余电流互感器组成。电气火灾监控主机应设有与综合监控系统通信的接口。

20.4.6 防雷、接地及安全

（1）车辆基地的防雷设计应与上盖物业开发的防雷接地结合进行设计，防雷接地系统宜互联互通。盖板范围内所有单体建筑采用 TN-S 接地形式，并设置综合接地网，盖下部分的防雷接地、防静电接地、工作接地和保护接地共用一个接地系统，接地电阻不应大于 1 Ω。盖下综合接地网由盖下范围内的车辆段的桩基、基础、梁内钢筋组成的自然接地体和人工敷设的水平接地体组成。

（2）盖板范围外各单体根据《建筑物防雷设计规范》(GB 50057—2010)划分防雷类别。对需进行防雷设计的单体，在屋面上敷设避雷带或避雷针；利用建筑物柱内主筋作为引下线；利用建筑物结构基础内的钢筋作为自然接地体，并根据建筑物性质及重要程度设置人工接地体。

21 轨 道

21.1 一般要求

（1）轨道系统应保证全线的系统性、连续性和整体性，满足轨道交通功能要求，并同时还应考虑投资、和运营成本。

（2）轨道结构应具有足够的强度、稳定性、耐久性和适当的弹性，确保列车安全、平稳、快速运行和乘客的舒适性。

（3）轨道结构应在保证技术安全、可靠的基础上，尽力做到经济合理、结构简单，并具有通用性和互换性，方便施工、利于养护维修和运营管理。

（4）轨道结构应具有良好的电气绝缘性，满足信号及杂散电流要求。

（5）轨道设计选型各线应尽量统一，充分考虑养护维修的便利，优先采用免维修、少维修设计，并配置足够数量的备品、备件和专用工具。

（6）轨道设计应根据环评报告和相关要求，合理选用相应的减振降噪措施，将列车运行产生的振动、噪声对环境的影响控制在国家环保标准允许的范围内。

21.2 正线轨道

21.2.1 一般规定

1. 轨 距

标准轨距为 1 435 mm。小半径曲线地段轨距按规范要求进行加宽。轨距加宽值应在缓和曲线范围内递减，无缓和曲线或其长度不足时，应在直线地段递减，递减率不宜大于 2‰。

2. 轨底坡

正线、配线采用 1∶40 轨底坡，道岔及两道岔间不足 50 m 地段不设轨底坡，应严格控制现场轨底坡的实现。

3. 曲线超高

正线及出入线地下段采用半超高方式设置，即内轨降低超高值一半，外轨抬高超高值一半；正线高架段、出入线 U 形槽及路基地段采用全超高方式设置，即内轨不动，外轨抬高超高值。同一曲线应按同一种方式设置曲线超高。

区间曲线最大超高值为 120 mm，允许有不大于 61 mm 的欠超高，不大于 50 mm 的过超高，车站站台计算长度内曲线最大超高值为 15 mm，超高顺坡率一般情况下不大于 2‰，困难情况下不大于 2.5‰。

21.2.2 钢轨及配件

（1）正线、配线及出入线采用 60 kg/m、U75 V 热轧钢轨，钢轨应符合《钢轨 第 1 部分：43 kg/m～75 kg/m 钢轨》（TB/T 2344.1—2020）的规定。

（2）同一条线路应采用同一个厂家、同一型号的钢轨。延伸线宜采用与贯通线同材质钢轨。既有线改造时，应与既有钢轨采用同一个厂家、同一型号的钢轨。

（3）无缝线路钢轨采用闪光焊进行焊接，道岔前后 1 对插入轨及道岔内部接头采用冻结接头[专线（2017）9673《60 kg/m 钢轨用冻结接头》]，不设轨缝，钢轨顶严或采用 1 片轨端片填实，冻结接头采用 M27、10.9S 级高强度螺栓及配套的高强度螺母和垫圈，拧紧扭力矩为 1100～1200 N·m。

（4）有缝线路采用普通接头夹板[见《43 kg/m～75 kg/m 钢轨接头夹板订货技术条件》（TB/T 2345—2008）]，钢轨接头应采用对接，半径小于等于 200 m 的曲线地段采用错接；接头螺栓应采用 10.9 级高强度接头螺栓，螺母应采用 10 级高强度螺母，垫圈应采用高强度平垫圈。钢轨接头应避开库前平过道及过渡段设置。

（5）钢轨打孔或焊接时，打孔孔眼及焊接位置应距离钢轨接头大于 1000 mm，应避开扣件。

（6）开通运营前，完成全线钢轨预打磨。

21.2.3 轨枕及扣件

（1）正线一般地段、配线、出入线整体道床地段采用预应力混凝土长轨枕，出入线 U 形槽碎石道床地段采用预埋套管式预应力混凝土轨枕。正线一般按 1680 根/km 铺设，配线整体道床按 1600 根/km 铺设，出入线地下段整体道床地段按 1680 根/km 铺设，U 形槽碎石道床地段铺设数量为 1760 根/km（铺设无缝线路时宜按 1840 根/km 铺设）。

（2）正线、配线及出入线整体道床地段采用 DTⅢ2 型弹性分开式扣件，出入线 U 形槽地段采用预埋套管式弹条 Ⅱ 型扣件（ZXSS-2 型扣件）。

（3）道岔采用与之配套的岔枕和扣件。

21.2.4 道　岔

（1）正线、出入线及其他配线一般采用 60 kg/m 钢轨 9 号曲线型尖轨道岔，直向通过速度为 100 km/h、侧向通过速度为 35 km/h。单开道岔全长 28.3 m，a = 12.57 m，b = 15.73 m；9 号道岔 5 m 间距交叉渡线 a = 12.57 m，道岔全长 70.14 m。

（2）在有减振需求的道岔区，考虑采用 60 kg/m 钢轨 9 号可动心轨辙叉道岔，消除有害空间，从控制振源的层面起到减振降噪效果。单开道岔全长 30.95 m，a = 12.57 m，b = 18.38 m。

（3）折返线道岔、单开道岔尖轨、护轨采用合金钢材质，辙叉采用合金钢组合辙叉；交叉渡线尖轨、9 号辙叉护轨和锐角辙叉护轨采用合金钢材质，9 号辙叉、锐角辙叉和钝角辙叉采用合金钢组合辙叉；其余钢轨件与普通道岔材质相同。折返道岔应采用辊轮滑床板，减少道岔转换阻力，提高道岔运行的可靠性。

（4）道岔区进行刚度均匀化设计，铁垫板板下刚度按照区域进行刚度匹配和划分，不同区域采用不同刚度的橡胶垫板。

（5）道岔转辙机基坑四周及底部采用止水钢板形成一体化钢板槽盒进行防水，转辙机基坑、沟槽、集水坑应涂刷 PTN 复合硅氧酯防水材料，转辙机基坑周围设置泛水围栏。

（6）在两个转辙机基坑之间、基坑结构内设宽为 500 mm、长为 1650 mm、距轨顶面高度为 510 mm 的集水坑，用以收集基坑内的废水，集水坑上设水箅子防止人员踏入。

（7）道岔转辙机基坑排水独立设置，线路纵向排水沟不得与其连通，且应尽量远离转辙机基坑，纵向排水沟盲端距转辙机基坑不小于 1 m。

21.2.5 道床及排水

（1）正线、配线、出入线地下部分采用长枕埋入式整体道床，局部中心水沟排水顺接段等特殊地段采用短枕整体道床，出入线 U 形槽地段采用混凝土长枕碎石道床。

（2）无砟轨道结构的混凝土强度等级，隧道内和 U 形结构地段不应低于 C35，高架线和地面线不应低于 C40；道床面低于钢轨底面不宜小于 70 mm，道床布设双层钢筋，最小保护层厚度为 35 mm。

（3）轨道结构高度如表 21-1 所示。

表 21-1　轨道结构高

序号	道床类型	轨道结构高度/mm	备注
1	矩形隧道，一般及中等减振整体道床	560	至结构底板
2	矩形隧道，高等及特殊减振整体道床	800	
3	单线圆形隧道，一般及中等减振整体道床	890（1000）	中心线位置轨面至隧道壁的高度；括号外为盾构内径 ϕ5500 的轨道高度，括号内为盾构内径 ϕ5900 轨道高度。
4	单线圆形隧道，高等及特殊减振整体道床	950（1000）	
5	区间内置式泵房整体道床	950（1000）	
6	类矩形隧道，一般及中等减振整体道床	940	
7	类矩形隧道，高等及特殊减振整体道床	1000	
8	出入线 U 形槽碎石道床	691	

（4）一般及中等减振道床设置双侧排水沟，高等及特殊减振道床设置中心排水沟并在车站范围内增设双侧排水沟，道床表面设 3% 的横向排水坡。区间水沟断面为半圆形（R=125 mm），沟底至轨顶面的垂直距离为 400 mm；车站水沟断面为矩形，宽 200 mm，沟底距轨顶面的距离为 400 mm，水沟坡度与线路坡度一致，一般不小于 2‰。

（5）在车站及区间隧道实际最低处设置废水泵房，道床排水通过侧沟排入集水坑，引入废水泵房，集水坑内侧壁至线路中心线距离不小于 1400 mm（高等及特殊减振车站设置在 1600 mm 位置）。

（6）在未设置区间废水泵房的区间隧道实际最低处，采用短枕式内置式泵房整体道床，纵向双侧水沟与内置式泵房间应做好水沟过渡。

（7）整体道床设置伸缩缝，伸缩缝间距不宜大于 12.5 m，在旁通道前后 50 m、隧道洞口内 50 m 范围以及 U 形槽地段不宜大于 6.25 m；内置式泵房整体道床范围内不得设置道床伸缩缝；在结构变形缝处应设置道床伸缩缝，若轨枕位于变形缝或伸缩缝时，应避开调整布置；道床伸缩缝宽度为 20 mm，伸缩缝内塞 2 cm 厚、经防腐处理的木板，顶面用 2～3 cm 沥青做防水处理。

（8）道床过渡段：高等、特殊减振地段与一般地段道床衔接处、整体道床与碎石道床衔接处应设置过渡段；高等、特殊减振地段与一般地段道床衔接处，通过调整衔接处减振道床的刚度设置弹性过渡段；整体道床与碎石道床衔接处采用碎石道床下设混凝土板、道砟厚度渐变的方式过渡。

（9）U 形槽范围内结构底板设置 4% 坡度的人字坡，两侧设置高度为 700 mm 的挡砟墙，挡砟墙底部每隔 1 m 设置直径 100 mm 的横向排水孔，人字坡、挡砟墙由土建实施。

21.2.6　轨道减振措施

（1）轨道减振等级划分为中等减振、高等减振和特殊减振。其中，中等减振措施为双层垫板减振扣件，高等减振措施为隔离式减振垫浮置板，特殊减振措施为橡胶弹簧浮置板。

（2）橡胶弹簧浮置板道床，应能通过拆卸外套筒防尘板直接观察、检测及更换隔振器；浮置板两侧采用耐火橡胶密封条，防止杂物进入浮置板下方。

21.2.7 轨道附属设备

1. 车　挡

车挡采用宁波市城市轨道交通通用系列挡车器，地下线正线及配线采用液压缓冲滑动式挡车器，占用轨道长度为 15 m，允许冲撞速度为 25 km/h；高架线正线及配线采用液压缓冲滑动式挡车器（防爬式），占用轨道长度为 25 m，允许冲撞速度为 25 km/h。

滑移式挡车器的滑行距离范围内不得存在钢轨接头，无缝线路钢轨焊接接头需打磨平滑。挡车器均应按规定设置醒目的标志。

2. 钢轨涂油器

正线及配线曲线半径小于或等于 500 m 的曲线外股应设置双缸式钢轨涂油器，每隔 300~400 m 设置一台。涂油板应安装在进入曲线距离直缓点 10~20 m 的缓和曲线地段外轨内侧面处。钢轨涂油器宜配置远程控制管理系统。

3. 线路、信号标志

正线及配线线路标志主要有百米标、坡度标、曲线要素标、曲线始终点标、水准基点标等。信号标志主要有限速标、停车位置标、进站预告标、警冲标等。

线路、信号标志采用宁波城市轨道交通通用图《线路及信号标志通用图》，百米标、坡度标、限速标、停车位置标、警冲标等标志采用反光材料制作。警冲标设在两设备限界相交处，其余标志安装在行车方向右侧易见的位置上。

道床面中心或附近位置加装轨道检测车电子标签，电子标签安装于道床面中心或附近且不易积水和不易碰撞的位置，要求每间隔约 500 m 安装一个，在线路的长短链处需加装电子标签，以便系统进行定位修正。

列车停车位置标一般情况下采用立柱式安装，如特殊情况下采用立柱式安装存在侵限问题时，可采用侧壁式安装方式，保证安装牢靠且不得侵限。

线路信号标志（特别是停车位置标）在安装时应特别注意周围是否有其他专业的管道、广告箱等物体遮挡司机视线，如有，应提前沟通挪移，保证通视条件。

21.2.8 工务维修机构、设备、定员及工务用房

在综合维修中心设工务部，负责所有轨道的日常养护维修及检查，以保证线路的正常运营需要。其定员和机械设备按日常巡检、养护和紧急补修的需要配备。

在每个含配线(道岔)车站设置一处面积不小于 20 m² 的工务用房，一般车站设置 15 m² 的工务用房，工务用房位于站台层靠近岔区一侧，有换乘要求的车站，需另外设置一处不小于 20 m² 的工务值守用房。

21.2.9　轨道智能运维

（1）以基于电客车车载的轨道检测装置，实现在电客车运行过程中对轨道几何参数、钢轨廓形、钢轨波磨等进行实时动态检测检查以及轨道状态巡检，并通过车地传输系统，将检测数据实时传输到地面数据中心，利用人工智能和识别算法对检测结果进行分析、筛选，并基于大数据对关键项点状态和发展趋势进行预测。

（2）道岔区、小半径曲线以及浮置板地段是轨道结构中易出现运营问题的特殊环节，为提高这些环节的可靠程度，实时掌握其服役状态，提高轨道结构的安全性、可靠性，提高城市轨道交通智慧化程度，在特殊敏感地段有监测需求的道岔区、小半径曲线以及浮置板地段采用轨道在线安全监测系统。

21.3　车辆段停车场轨道

21.3.1　钢　　轨

车场线（除试车线、出入线）采用 50 kg/m、25 m 定尺 U71 Mn 钢轨，试车线及出入线地面段采用 60 kg/m、25 m 定尺长 U75 V 钢轨。钢轨质量应符合《钢轨　第 1 部分：43 kg/m～75 kg/m 钢轨》(TB/T 2344.1—2020) 的要求。出入线、试车线与车场线相连处采用 12.5 m 长异型钢轨。车场库外线采用有缝线路，库内线采用无缝线路，试车线采用无缝线路。

21.3.2　轨枕和扣件

车场库外线采用新Ⅱ型预应力混凝土轨枕（预埋套管式），铺设数量为 1440 根/km；库内线侧壁式整体道床采用短轨枕、直联式整体道床无枕，扣件铺设数量根据结构配置；柱式检查坑地段采用预制立柱整体道床。

车场线库外线扣件采用弹条Ⅰ型扣件（套管式），库内线采用库内减振扣件，试车线及出入线地面段采用弹条Ⅱ型扣件（套管式）。

21.3.3 轨道结构高度（见表21-2）

表 21-2 轨道结构高度

序号	道床类型	轨道结构高度/mm	备注
1	出入线地面段、试车线碎石道床	841	非渗水土路基
2	车场库外线碎石道床	657	
3	车场库内线整体道床	500	

21.3.4 道　岔

试车线采用 60 kg/m 钢轨 9 号系列道岔，车场线采用 50 kg/m 钢轨 7 号系列道岔，在有上盖开发减振考虑地段采用 50 kg/m 钢轨 7 号可动心轨辙叉道岔。两道岔间插入钢轨按照《宁波城市轨道交通设计技术标准》（2015 甬 SS-01）要求执行。

21.3.5 道　口

车辆段库内平过道采用混凝土道床橡胶轮缘槽平过道，库外平过道采用碎石道床橡胶道口板。道口范围内不应出现钢轨接头、夹板、计轴等设备。

21.3.6 轨道附属设备

1. 车　挡

车挡采用宁波市城市轨道交通通用系列挡车器，根据不同线路采用相应的型号。
（1）试车线采用终端采用滑移式液压缓冲挡车器（防爬型），占用轨道长度 25 m，防撞速度为 25 km/h。
（2）库外牵出线终端采用滑移式液压缓冲挡车器，占用轨道长度 15 m，防撞速度为 25 km/h。
（3）一般库外线终端采用固定式液压缓冲挡车器，占用轨道长度 2.7 m。
（4）库内线终端采用固定式液压缓冲挡车器，占用轨道长度 2.5 m。

2. 线路、信号标志

线路、信号标志采用宁波城市轨道交通通用图《线路及信号标志通用图》，主要有：一度停车标、警冲标、道岔编号标等。

21.4 各专业接口

21.4.1 线路专业

单渡线的线间距一般宜为 4.2 m 或以上，考虑道岔维修的方便性及设计的标准性，交叉渡线的线间距一般应采用 5 m。

道岔间插入钢轨的长度建议如表 21-3 所示。两组道岔前端对向布置时，插入钢轨最小长度宜采用 12.5 m（轨缝中心间距）；两组道岔前后顺向布置时，插入钢轨最小长度宜采用 6 m（轨缝中心间距）；两组道岔跟端对向布置时，插入钢轨最小长度宜采用 12 m（轨缝中心间距）。

表 21-3 道岔间插入钢轨的长度

道岔布置相对位置		插入钢轨最小长度 L（轨缝中心）/m
两组道岔前端对向布置		12.5
两组道岔前后顺向布置		6.25
两组道岔根端对向布置		12.5 m

因道岔岔枕范围大于道岔范围，且岔枕位置相对固定，轨底坡调整通过前后顺坡垫板完成。因此，道岔岔心前 15 m 和岔心后 23 m 的范围不宜接入曲线（见图 21-1）。

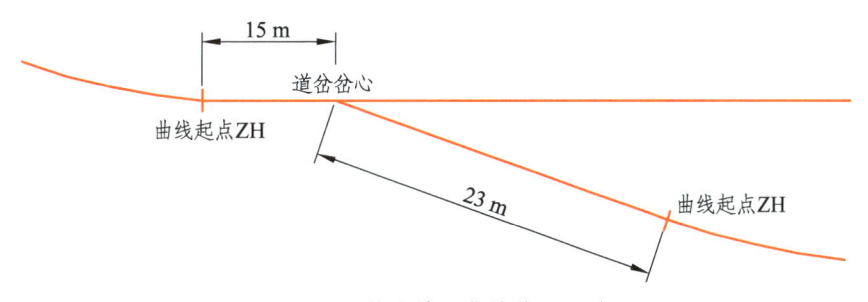

图 21-1 道岔前后曲线位置示意

线路布置应考虑挡车器安装长度，设置要求见轨道主要设计方案，一般情况下挡车器应设置在直线上，如设置曲线上时，需提前与轨道专业确认。

21.4.2 限界专业

限界专业需将各类型轨道结构落实在限界图中，同时，需考虑线路及信号标志安装范围。限界图中需增加CPⅢ控制点安装要求，避免安装专业覆盖控制点导致其在运营期不可用。

21.4.3 建筑专业

在每个含配线（道岔）车站设置一处面积不小于 20 m² 的工务用房，一般车站设置 15 m² 的工务用房，工务用房位于站台层靠近岔区一侧，有换乘要求的车站，需另外设置一处不小于 20 m² 的工务值守用房。

建筑应按要求预留轨道结构高度，大于轨道结构高度要求的地段应进行回填设计。竖曲线范围回填设计应考虑竖曲线对轨道结构高度的影响，具体要求如下：

（1）对于车站结构范围内的凹形竖曲线：仅需核实线路竖曲线修正对结构上部限界的影响即可，不影响轨道结构高度。

（2）对于车站结构范围内的凸形竖曲线：由于竖曲线修正引起轨面下降，如结构底板仍维持原坡度不变（即未做成竖曲线形式），会导致轨道结构高度减少，建筑图中为保证轨道结构高度，可将结构底板降低成台阶状。

21.4.4 结构专业

主体结构的变形缝、沉降缝及人防门门槛不得设在道岔区范围（单开道岔岔心前 15.57 m、岔心后 23 m；交叉渡线两侧岔心前 15.57 m；可动心道岔岔心前 15.57 m、岔心后 24 m），困难情况下，应与轨道专业进行协商。

当结构底板距离轨面的高差大于轨道结构高度时，应予以回填，并考虑竖曲线修正值的影响。

地下线整体道床地段结构工后不均匀沉降不大于 20 mm；U 形槽碎石道床地段结构工后不均匀沉降不大于 100 mm。

对于车站轨行区两侧墙体结构，轨道结构高度范围内墙底建议不设置腋角或底纵梁，需要设置时，腋角或底纵梁的斜角建议不大于 300 mm × 600 mm（高 × 宽）；当墙距离线路中心线小于 1800 mm 时，不应做腋角或底纵梁。困难情况下，应与轨道专业进行协商。

在车站废水泵房处需按轨道专业要求预留集水坑和排水管，以便于车站废水排入废水泵房；区间最低点处设置内置式泵房；转辙机基坑与道床排水沟不连通，采用独立排水方式。

在设置铺轨基地的车站，应按要求预留轨排井，具体要求详解"铺轨基地"章节。

当曲线进站，人防门位于曲线地段时，应确保人防门下门槛结构与线路中心线呈垂直关系。

21.4.5　给排水专业

一般及中等减振道床设置双侧排水沟，高等及特殊减振道床设置中心排水沟并在车站范围内增设双侧排水沟。给排水专业需在车站废水泵房处考虑设置双侧集水坑，集水坑内侧壁至线路中心线距离不小于 1400 mm（高等及特殊减振车站设置在 1600 mm 位置），集水坑位于结构范围内并考虑预埋铸铁管等方式与废水泵房贯通；在区间内设置内置式泵房，泵房地段应满足轨道结构高度要求。

21.4.6　人　防

人防门门槛宽度不宜大于 300 mm，超过 300 mm 时应与轨道专业沟通，人防门、防淹门的门槛不得进入道岔范围，门的开启范围不得进入道岔转辙机安装区域，并注意曲线超高的影响。人防门槛前后道床面应设置宽 800 mm、长 1200 mm 的混凝土疏散斜坡，高度与人防门槛等高。

人防门、防淹门的门框金属结构应与轨道扣件、钢轨等保持不小于 100 mm 的间隙，满足绝缘要求。

人防门门槛按轨道专业要求的数量及标高设置排水洞，门槛位于排水过渡段时，应注意水沟闸板标高的变化。

21.4.7　过轨管线

对各设备专业过轨预留预埋管线的要求如下：

（1）各专业管线若横穿轨行区，宜从结构底板中穿过，以减小对道床结构的削弱，并做好配合，避免遗漏。

（2）各专业提出过轨管线的位置应统一以线路里程为准。

（3）线缆过轨一般采用过轨槽方式，浮置板地段采用过轨管。

（4）预埋管最大外径一般不得超过 100 mm，若需预埋更大的管，则应特别协商。

（5）道岔地段过轨需特别协商。

（6）碎石道床的道砟范围内不得设置管线或设备井、箱。井口应避开道床范围。

（7）过轨管线应采用低烟无卤绝缘材料。

21.4.8　轨连线

（1）一般采用栓接方法，栓接时要求在钢轨轨腰中线位置钻孔，60 kg/m 钢轨开孔中心线距轨底高 79 mm，50 kg/m 钢轨开孔中心线距轨底高 68.5 mm，孔径不宜大于 20 mm，两孔净距不得小于大孔径的 2 倍，打孔孔眼中心应距离钢轨接头大于 1000 mm，打孔完毕后应进行倒角，其深度为 1~1.5 mm，倒角角度为 45°。安装前必须将连接处轨腰金属表面仔细打磨平整，以保持回流导体电缆头的良好接触。

（2）打孔时，打孔孔眼应距离钢轨接头大于 1000 mm，应避开扣件。

（3）轨连线的工程量均由各系统自行考虑。

（4）计轴等设备安装打孔要求同上，同时应满足运营等部门的要求。

（5）开通运营前，全线钢轨打孔均由轨道专业完成探伤。

21.4.9　动　照

轨道专业在半径≤500 m 的曲线外股钢轨安装钢轨涂油器，当曲线长度≤400 m 时设置一台，当曲线长度＞400 m 时设置两台或多台；钢轨涂油器应具有远程监测及控制系统。钢轨涂油器采用交流电（220 V，50 Hz），功率不大于 150W，提请动照专业在钢轨涂油器安装里程位置的隧道壁上预留电源连接条件。

21.4.10　场　段

（1）出入线 U 形槽及路基段采用碎石道床，不允许出现竖缓重叠现象。

（2）库内线一般整体道床轨道设计范围为轨面下 500 mm、宽度为 2200 mm 的范围；

（3）壁式检查坑道床轨道设计范围为轨面下 500 mm、宽度为 2200 mm 的范围，内侧壁间距为 1100 mm，土建结构应预留深入道床 120 mm 的竖向钢筋。

（4）柱式检查坑，采用预制立柱，立柱尺寸为 350 mm×350 mm，纵向间距 1.25 m，横向内侧净距不大于 1160 mm。

（5）库内平过道：采用短枕式整体道床，铺设橡胶轮缘槽，轨道设计范围为轨面下 500 mm、宽度为 2200 mm 的范围。

（6）库外平过道：采用混凝土枕碎石道床，铺设橡胶道口板，轨面下 1157 mm，宽度的 3700 mm 的道床（宽 3100 mm）、两侧挡砟墙（宽 300 mm）、道床下 200 mm 厚的混凝土垫层、300 mm 后水泥稳定碎石层由轨道专业设计，下部基础、平过道宽度范围外线间道路等由路基专业设计。

（7）停车场库内工艺轨道与土建的接口需根据各工艺设备型号确定。

（8）过轨管线

① 库内整体道床范围采用在道床内预留过轨槽的型式过轨，过轨槽的有效净高应考虑钢轨占用的高度，过轨槽宽度应不大于轨枕间距。

② 碎石道床的道砟范围内不应设置设备井、箱、接触网立柱基础、排水沟槽等结构物，困难时应设置在距离线路中心线不小于 1.7 m（试车线和出入线）或 1.6 m 的（其他库外线）范围外，且应设置挡砟墙等结构。

③ 碎石道床地段道砟范围内不允许预埋过轨管，各专业的过轨管线应在路基中穿过。

（9）整体道床及库外平过道线下基础不均匀沉降不大于 20 mm，不同线下基础交界处的差异沉降不大于 10 mm；碎石道床路基工后沉降不应大于 200 mm；碎石道床与整体道床过渡段工后沉降不应大于 100 mm，沉降速率不应大于 50 mm/年，路基中应设置混凝土搭板，长度不小于 15 m。

（10）为了满足曲线地段轨距加宽及递减要求，出入线 9 号道岔岔心前 15 m 和岔心后 23 m 的位置可接入半径不小于 200 m 的曲线，如表 21-4 所示；车场 7 号道岔岔心前 12 m 和岔心后 18 m 的位置可接入半径不小于 150 m 的曲线。

表 21-4 道岔间插入钢轨的长度

道岔布置相对位置		线别	插入钢轨最小长度 L（轨缝中心）/m	
			一般地段	困难地段
两组道岔前端对向布置		出入线	12.5	6
		车场线	4.5	3
两组道岔前后顺向布置		出入线	6	6
		车场线	8	6.25（4.5）
两组道岔根端对向布置		出入线	12	12
		车场线	8	8

注：车场线按照采用混凝土岔枕考虑，括号内数值为特殊地段。

（11）场段道岔间插入钢轨的长度建议如下：困难条件下取值应协商确定，道岔不应跨越不同线下基础，困难条件下转辙器及辙叉部位不应设在不同线下基础接缝位置。

21.4.11 铺轨基地

根据线路走向、沿线用地情况及铺轨工期与工筹专业配合合理选择铺轨基地。

铺轨基地的设置及对土建工点接口要求：

（1）车辆段与停车场：铺轨基地可直接设在其内部，就地铺设场段轨道，也可作为正线铺轨基地。

（2）正线 U 形槽铺轨基地：可直接利用，无特殊要求。

（3）正线区间或车站铺轨基地：预留轨排井下料口，下料口尺寸一般为：长 28～30 m、宽不小于 5 m，左右正线应分别预留轨排井下料口，待铺轨完毕后再行封堵。

（4）轨排下料口位置既要紧靠车站以保证尽可能增大地面用地面积，又要与车站主体结构应有一定距离，以减小对车站主体结构施工的影响。

（5）下料口的中心线应与线路中心线对齐，轨道施工完成后结构再封顶，下料口处结构如有中墙，待铺轨施工完成后再施工。左、右线各设一个下料口。

（6）轨排井下料口下方的线路宜为直线，同时应避开道岔范围。

（7）铺轨基地荷载如下：

① 龙门架跨度 18～24 m（检算中建议按最不利条件选择跨度的取值），自重及负载总计约 35 t，请结构专业根据下料口及铺轨基地平面条件确定龙门架轨道是设在结构上或结构外侧，相应检算对结构的影响。

② 汽车运输车辆进入铺轨基地涉及重量荷载。运料车自重 25 t，40 根钢轨重 60 t，合计 85 t，最大轴重 20 t。

③ 轨排进料口支护结构设计荷载（未含土压力）：两侧小于 10 m 范围内均布荷载 3.2 t/m^2，隧道顶及两侧 2.0 t/m^2。

④ 基地场地要求进行表面硬化，满足结构荷载要求（2.0 t/m^2）。

⑤ 铺轨基地的使用及准确荷载有待于铺轨施工单位进场后根据场地、设备等情况才能最终确定，以上荷载为估算所得。

（8）铺轨基地应开阔，净高不小于 15 m，长度不短于 100 m，宽度不小于 30 m。

（9）铺轨基地交轨道施工单位后准备工期（含材料准备、试焊等）2 个月，铺轨进度指标按 50 m/线/工作面。

22 限 界

22.1 主要设计要点

轨道交通的限界是确定轨行区建筑物净空和设备及管线安装位置的依据，应力求做到经济合理、安全可靠。轨道交通的限界根据车辆的轮廓尺寸、技术参数、轨道特性、受电方式、设备及管线安装要求、施工方法等因素综合分析计算确定，主要包括车辆限界、设备限界和建筑限界。

22.2 建筑限界设计要点

1. 区间隧道

当列车采用专用回流轨回流时，轨旁设备及疏散平台上下楼梯应注意与回流靴及回流轨保持电气安全距离。

2. 高架桥

（1）曲线段及道岔区高架桥梁建筑限界宽度宜在直线段高架桥梁宽度基础上进行加宽，不宜以大兼小确定建筑限界宽度。
（2）高架桥梁及敞开段栏板高度应满足轨旁设备安装最小高度要求。

3. 车 站

（1）全自动驾驶线路有效站台端部扶手栏杆应与设备限界保持不小于 50 mm 的安全间隙。
（2）当列车采用专用回流轨回流时，设备区走道下楼梯、上翻梁、结构柱等构筑物应注意与回流靴及回流轨保持电气安全距离。
（3）区间疏散平台与车站设备区平台连接处，应注意高度及宽度上的平顺衔接。
（4）车站站台位置建筑限界建议间隙控制要求如图 22-1 所示。

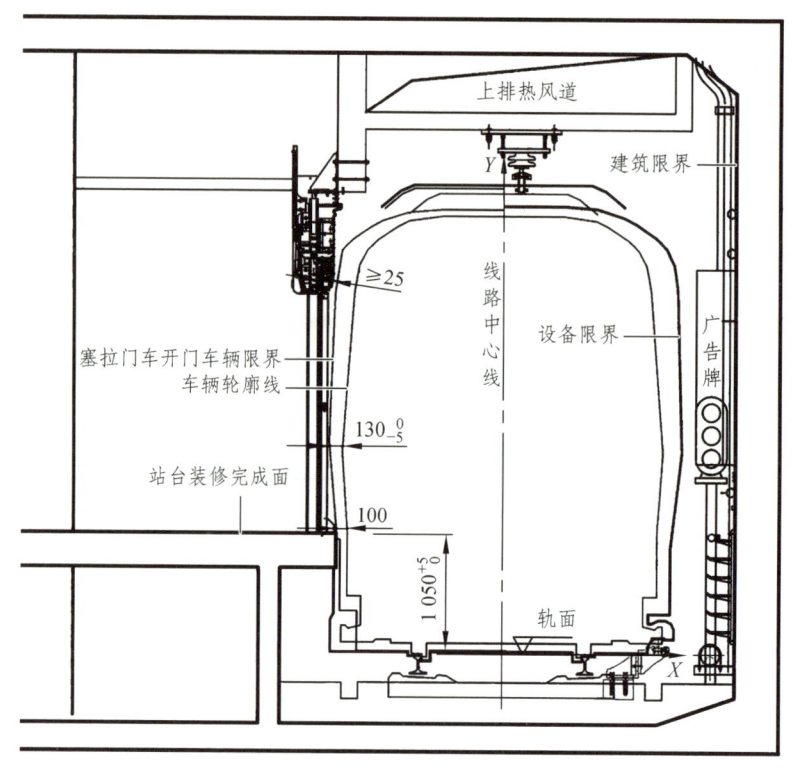

图 22-1　直线段矩形隧道车站建筑限界

22.3　车场线要点

（1）车库内检修平台的高平台及安全护栏与车辆轮廓线宜保持 80～120 mm 的安全间隙。
（2）采用专用回流轨回流的线路，应注意采购的工程车不得与专用回流轨产生干涉。

22.4　限界检测要点

（1）沿线设备安装（含站台）施工结束后应全线检查设备、站台及疏散平台是否侵限。设备安装检查宜在铺轨后进行，一般采用轨道式移动检查测量装置沿纵向进行连续检查。
（2）检查测量装置坐标系应采用线路的基准坐标系。检查装置坐标分为直线段和曲线段，曲线段测量装置坐标按不同半径、超高、欠超高计算得出。
（3）检查测量精度应为 5 mm，站台、站台门及纵向疏散平台等重点部位的检查测量精度应为 2 mm。

（4）站台区限界检查：

① 边墙侧限界检查：同区间限界检查，以限界检测车通过为准。

② 站台门限界检查：将站台侧限界检查架调整为站台门限界加对应曲线加宽量，以限界车通过为准；站台门顶箱的检查：附加车辆限界外扩 25 mm。

③ 站台限界检查：对照对应车站的建筑图站台层平面，以铺设完成的轨道中心线为基准利用测量仪器精确测量站台边距离线路中心线的水平距离及距离轨面的高差。

④ 若限界检测车定距、轴距、车辆端部距离转向架等距离与地铁车型完全一致，则在经过直线和曲线时，均按照限界车头、尾、中部分别做直线段标准限界检查架进行检测。若限界检测车的定距与地铁车辆存在不同，则应在检测车辆转向架中部安装设备限界检查架，并根据加宽量灵活调整检查架大小。

23 装修

23.1 方案设计要求

（1）结合既有线路的方案成果各线路装修设计宜"一线一景（主题）"的设计思路，保持全线的车站装饰风格、形式的整体性和系统的协调性，使各线路间整体装饰风格有所区别，增强线路的识别度；特殊的线路或特殊站点可突出装饰个性和区域文化主题的表达。

（2）依据车站的规划、建设规模以及车站周边人文环境等情况可以按标准站、文化站或重点站进行装修等级区分设计，在线路统一的装饰风格下各站采用不同设计手法体现各自的文化个性，增强车站的识别度。

（3）高架车站的外立面、屋面及室内装饰设计方案特别是屋面系统的材料和工艺，应充分考虑宁波城市气候及台风等因素，非自动驾驶列车的线路高架车站需考虑站台两端司机岗位等区域的防风雨措施，车站外立面的百叶须设置有效的防雨百叶。

（4）建筑物的外墙不宜使用岩棉保温材料，外立面装饰应采用真石漆、干挂幕墙等牢固可靠的方式，不宜采用贴面砖的形式。

（5）线路的车站装修设计宜统一全线装修材料的尺寸规格，尽量减少非标尺寸及异形尺寸造型。

23.2 地面

（1）地面石材铺装标准模数尺寸宜为 600 mm×600 mm 或 800 mm×800 mm，地面材料整体感官效果：抛光度≥70 度。

（2）楼梯踏步石材宜采用 30 mm 厚的石材，做防滑开槽处理（起止踏步的防滑槽填涂黄色警示涂料），地下站出入口地面平台、出入口处的楼梯及高架天桥、出入口地面及楼梯区域采用烧毛石材及防滑处理。

（3）所有石材应做六面油性防护处理，底面涂刷黏结剂。

（4）地面石材与盲道的铺装关系：应注意地面铺装模数与盲道（300 mm×300 mm）尺寸倍数对应时，如 600 mm×600 mm、900 mm×900 mm 等，模数不对应时（如模数为 800 mm×800 mm 等）采用其他尺寸盲道规格（400 mm×400 mm），盲道宜选用一体式盲道砖。

（5）线网所有车站的盲道引导至站台门中间的 2 个移动门定点引导上下车：分别为站台门第 12 站台门和第 13 号站台门。

（6）检修人孔位于出入口通道、设备用房等房间内，检修人孔宜设在整块地面石材中，避免多块石材拼凑处理。

（7）车站站台门区域设警示色带宜为黄色人造石材，警示色带与上下车指示箭头在地面固定模块石材中开孔镶嵌设置，靠门的两侧各设一个上车箭头、中间设置一个下车箭头，箭头采用不低于 304#不锈钢材质，其表面设条纹凹槽涂黄色涂层。

（8）地面的人防门槛盖板采用防滑纹理的不锈钢板，与地面接口处找缓坡过渡，避免高差过大和盖板内空鼓。

（9）地面石材与地面 AFC 系统线盒的检修孔开孔与地面材料模数对应，不宜破坏地面石材模数，方便开启检修。

（10）地面石材与站台门（安全门）绝缘带：站台层屏蔽门前根据屏蔽门专业要求设有 1200 mm 宽度的绝缘带，绝缘带分段区域设置与站台门专业协商调整，不应破坏地面石材模数。

（11）垂直电梯有玻璃幕墙的地面内侧（电梯钢构与土建间隙）区域宜采用不锈钢饰面装饰封堵。

（12）防静电地板宜选用表面为防静电瓷质面层。

23.3 天花吊顶

（1）车站的公共区天花设计应结合线路文化主题进行设计，风格统一、装饰材料选用规格统一、方便拆卸、易于清理的轻质型材，天花宜采用铝合金等金属轻便的材料。

（2）车站吊顶天花的高度根据车站土建结构高度以净高度最大化为基本原则设计。特殊情况的，保证车站各装饰顶面部位的最小高度为：车站站厅、站台吊顶高度不宜低于 3200 mm；公共区出入口通道高度不宜低于 2600 mm。

（3）车站公共区吊顶设计的形式需考虑设备的检修方便，公共区天花的镂空面积与总面积的比例宜＞50%，以便于设备终端的隐藏，同时应满足通风、排蓄烟等设备专业的相关要求。

（4）吊顶应考虑风压、共振等情况；高架车站的吊顶天花应考虑宁波城市的气候，天花应设防风扣件加固等措施，避免因台风等气候影响造成材料晃动或脱落。

（5）吊顶以上部位的设备管线及土建结构喷涂防潮防霉涂料（特殊要求颜色管线除外，例如消防管线），喷涂颜色宜选用黑色或深灰色系。

（6）非无人驾驶列车的高架车站站台在司机立岗的位置区域设置遮雨亭，立岗区域的地面须防滑处理。

（7）车站公共区人防段区域的天花吊顶龙骨应方便拆卸，其天花吊顶高度宜高于人防门体上沿 100 mm 以上。

（8）车站设备区的通道及设备用房等生产区域不应设置装饰吊顶。

（9）车站设置的挡烟垂壁高度应根据吊顶天花的形式、镂空率及环控专业对接要求进行设置，若挡烟垂壁设置在吊顶天花以下时宜采用夹丝防火玻璃挡烟垂壁。

（10）吊顶布置的所有灯具的光源应采用 LED 光源，地下站灯具 IP 防护等级不低于 IP41，高架站各区域灯具 IP 防护等级应根据车站受极端气候影响情况而提升灯具防水、防护等级。

（11）车站站台门附近的装修金属部件（灯具、天花材料及龙骨等）与站台门上部盖板的安全间隙应≥50 mm，避免打火，以便维护检修。

（12）设备区走道宜无吊顶装修，便于检查检修，走道地砖宜选用浅色系。

23.4 墙　面

（1）车站公共区的墙面装饰材料应选用强度高、耐冲击、耐久性高且易清洁美观的材料。宜选用搪瓷钢板、烤瓷铝板等轻便的金属板材，材料抛光度宜≥70度；车站墙面装饰材料不宜采用玻璃板。

（2）车站墙面装饰材料宜统一墙面材料尺寸规格，墙面板材宽度宜≤1200 mm，高度结合整体方案设计思路及广告（12 封广告）等模数综合考虑。

（3）墙面缝隙处理根据选用材料的特性进行设计，缝隙不设置嵌条材料，墙面金属装饰材料阳角宜设计为圆角。

（4）墙面板材如使用金属板材背后须增加≥10 mm 厚的铝蜂窝背衬板。

（5）车站公共区离壁沟的装饰墙表面距土建墙体宜为 300 mm，在出入口通道区域宜为 250 mm（便于设备箱体的嵌入安装），墙面龙骨固定在离壁沟的钢筋混凝土挡墙上，无离壁沟时须固定在土建地面。当土建墙为轻质墙体时其墙面干挂龙骨体系须根据具体情况特殊设计加固安装，保证干挂龙骨体系的牢固性。

（6）车站踢脚线完成高度宜为 150 mm，车站公共区的踢脚线采用干挂安装方式。

（7）消防栓箱、配电箱等设备箱体外采用与墙面相同材料制作的装饰伪装门；要求与装饰墙面模数和效果一致，消火栓等伪装门开启角度≥120°。

（8）公共区的装饰墙面与吊顶接口宜采用虚接方式，装饰墙面上口高于吊顶底面完成线≥100 mm（具体根据吊顶方案及规格尺寸调整）

（9）设备区等有人办公房间如设有离壁沟时其墙面宜干挂装饰，干挂材料应选用防潮防霉防火的墙板，且干挂墙面须设置至少 2 个检修孔伪装门。

（10）站台的楼扶梯下三角房侧面封堵应设站名墙，站名墙的完成面应与楼扶梯侧面表面持平，站名的文字应采用轨道公司拥有使用版权的字体或通用免费字体，站名墙区域各设备终端宜避开或协调其他位置，若必须设置宜做伪装隐藏装饰处理。

（11）站台三角房后端墙与吊顶装饰面不应出现斜面，高度不宜低于站台其他区域天花高度。

（12）高架车站设备用房部分房间（如票务室等）有防盗需求的墙面门窗须设置防盗窗。

（13）人防段区域的墙面龙骨应采用拆装方便的栓接，并设置人防检修伪装门。

23.5 柱面

（1）车站柱面装饰材料宜采用耐磨、抗冲击、强度高的搪瓷钢板、烤瓷铝板、烤漆铝板等金属板材。

（2）站厅楼梯洞口区域的柱面完成面不应凸出于楼扶梯洞口的墙面完成面。

（3）柱面安装 FAS/BAS 等终端设备时应预先在柱面材料开孔预留位置，避免现场开孔。

（4）柱面与吊顶材料接口宜采用虚接留缝，根据装饰设计方案，柱面材料上口线宜高于吊顶底面完成面。

（5）设备区墙面转角及方柱的应做"护角"，设备区使用的防火涂料应为无极防火涂料。

23.6 不锈钢玻璃栏杆

（1）车站栏杆宜采用不锈钢立杆或其他金属立杆支撑扶手，立杆及扶手须坚固耐用，不宜采用全玻璃的栏杆支撑形式，全线栏杆设计形式应统一、风格简洁与装饰设计风格协调。

（2）栏杆的挡板以采用玻璃为宜，挡板玻璃边角须倒圆角，栏杆应保证乘客使用安全、易于维护清洁。

（3）栏杆宜采用装配式、组合式的栏杆形式。

（4）车站出入口的楼梯、通道、坡道应设置栏杆扶手。出入口的楼梯扶手应安装在靠墙侧，通道如设置扶手应安装在靠盲道一侧墙面上。

（5）在引导盲道的楼梯栏杆的扶手起始位置及楼梯平台区域的扶手都应设置盲文进行提示。

（6）付费区与非付费区之间应设分区栏杆高度宜为 1100 mm（与闸机高度相适应），栏杆立杆中距宜为 1200~1500 mm。分区栏杆位置不能影响闸机群外侧维护开门。

（7）扶手应保持连贯，在起点和终点处应向外延伸≥300 mm，同时靠墙扶手两端向内拐到墙面或向下延伸 100 mm。

（8）安检隔离栏杆设置应为可移动形式，设置时不能影响盲道和疏散标识的设置路径。

（9）地面出入口平台出地面的楼梯两侧均应设置防护栏杆；出入口地面厅的楼扶梯端部与侧墙之间间隙应设置隔离栏杆。

23.7 外立面

（1）车站外立面设计的材料宜采用玻璃、金属板材等幕墙干挂体系，不宜采用湿贴石材、墙砖等粘贴形式的外墙做法。

（2）外立面的幕墙玻璃、铝板模数应尽量规格种类少，减少非标规格尺寸。

（3）出入口及高架车站屋面应设置检修、清洁人员的高空作业的防护安全设施。

（4）高架车站、天桥等区域的应设置有效的防雨百叶，且防雨百叶具有可在台风等应急情况下手动关闭的功能。

（5）高架天桥出入口楼扶梯侧面需设置防攀爬措施（玻璃幕墙）。

（6）高架站及附属天桥室外外露的管线、水管等设施的外观颜色应与墙体颜色应保持协调一致。

（7）高架站天桥地面两侧靠边缘处应设置混凝土挡水槛，避免应风雨（如天桥地面雨水渗入铺装层）而引起砂浆泥水、污水外渗，污染天桥侧边装修及箱梁立面。

23.8 车站装修共性设施

1. 客服自助服务设备

车站在付费区及非付费区均设置客服自助服务设备，并设置相应服务标识。

2. 垃圾桶

垃圾箱应为分类垃圾桶，垃圾桶设置宜靠墙柱边位置与消防栓、广告、公共艺术品等设施间距宜＞1 m。

3. 休息座椅

（1）站台座椅风格与装修风格相协调，宜采用石材和金属等坚固耐用的主材。

（2）座椅一般设置在站台等候区，对客流阻碍影响最小的区域位置。

（3）作为艺术品设计的座椅应保证乘客使用的安全性，尺寸不宜过大，保证通道的疏散宽度。

（4）根据车站规模情况选择双面、单面、单个或组合的座椅形式，单个座椅最短边长≥500 mm，座椅到周边墙柱面距离≥2000 mm，保证留足乘客行走及疏散的通道。

（5）大型的换乘或客流量过大的车站不建议设置座椅，或设置时尽量避免对客流产生阻碍，同时应考虑在紧急疏散情况下不应对疏散产生影响。

4. 卫生间

（1）卫生间的设计应保证与装饰设计风格相协调，并形成线路的统一识别。

（2）卫生间蹲隔断挡板应设置挂钩、置物架，卫生间隔断的板底距地面的间隙≤20 mm。

（3）无障碍卫生间应设置紧急求助系统，门口上方设有声光报警装置，并与车控室连通服务。

5. 盲道

（1）盲道材料宜为与地面同材质的石材或瓷砖材质（选用一体式盲道砖）；车站公共区应设置连续路径的盲道，并应与站外市政盲道相接通。

（2）盲道砖的颜色宜为中黄色，如选择与地面装饰材料相同的盲道砖，应选有色差的盲道砖。

（3）全线的站台层盲道设计以定点上下车为前提，分别固定设置在站台中间2个站台门移门的位置引导上下车。

（4）盲道路径也应走安检通道，且盲道引闸机（宽闸机）进入付费区。

（5）盲道设置路径应尽量减少与正常客流的交叉。

6. 防盗卷帘门

（1）出入口的防盗卷帘门应设置镂空样式的卷帘门，卷帘门颜色应采用与墙面颜色相同的白色卷帘门。

（2）防盗卷帘门应具备车控室远程遥控开关功能，防盗卷帘应具备卷帘的防抬起、防坠落的功能以防人员强行提拉门体。

（3）防盗卷帘门就地手操箱中增加卷帘门红外防夹装置旁路开关。

（4）防盗卷帘门智能控制板卡，远程控制板卡等电气元件需安装在离装修地面 1.2～1.5 m 处的控制箱中（箱体装饰墙内嵌）。

7. 公共艺术品

（1）公共艺术的设计主题应符合该宁波城市及线路车站的文化主题特征，考虑到市民的可参与性。

（2）艺术品应避免尖锐和有阻碍客流和疏散的设计形式。

（3）艺术品的设置不能与车站功能设施（如客运服务标识系统、消防设施等）相冲突。

23.9 场段装修

（1）车辆段及停车场道路、库区（运用库、检修库、架大修库、工程车库）通道应具备叉车、消防车通过能力，通道中井盖应为铸铁盖板，荷载须满足规范要求。

（2）运用库库区地面通道应为绿色，与其他区域以黄色线分割；运用库库区地面应铺设彩绘喷砂地坪。

（3）架大修库库区地面应铺设彩绘喷砂地坪。库区主通道、物流通道地面应为绿色，与其他区域以黄色线（宽 120 mm）分割。

（4）检修库作业平台、登车梯油漆颜色应采用黄色。

（5）检修库股道下检查坑台阶踏步边缘处、中间作业平台底部最低点、登车梯底部应设置黄黑警示线。作业平台、平台台阶、登车梯台阶、检查坑地面应做好防滑处理。检查坑不应有高出地面的管线。灯具、插座、配线敷设均不应突出检查坑两侧壁。

（6）检修库库区地面通道应为绿色，与其他区域以黄色线分割。检修库库区地面应铺设彩绘喷砂地坪。

（7）车辆段及停车场大楼 1 楼均应设置无障碍通道。

（8）食堂的炉灶间、粗加工间、通道及洗碗间等操作间地砖宜采用 300 mm×300 mm 规格的防滑地砖。

（9）厨房地沟盖板应采用小孔径复合盖板。地沟下水出口处应安装不锈钢网斗。

（10）二次更衣、餐厅区域应设置洗手台，应采用感应龙头并做好墙面防水。

（11）员工宿舍、司机公寓的卫生间、淋浴房热水供应不宜使用太阳能。热水管道与食堂热水管道应分开设计。员工宿舍、司机公寓的卫生间宜采用蹲便器。

（12）车辆段及停车场内办公、生产区域等宜采用金属型材吊顶，不应使用石膏板吊顶。其办公用房应安装纱窗。

（13）车辆段、停车场及高架车站设备房、办公用房等太阳直射区域应设置遮阳窗帘。

24 人防系统

24.1 建筑要求

设计原则：所有地下车站均应作为设防车站。按照人民防空工程战术技术要求和《轨道交通工程人民防空设计规范》(RFJ 02—2009)的规定进行设防，所有设防车站中 20% 为重点设防车站，其余为一般设防车站。工程设防按甲类人防工程，防核武器和防常规武器抗力级别为 6 级、防化等级为丁级（重点设防车站丙级）进行设计。

防护单元划分：一般设防车站为一个车站加一个相邻的区间隧道组成一个防护单元（根据车站及隧道施工方法不同进行设置），重点设防车站宜单站为一个防护单元。

出入口防护：每个防护单元至少设置 2 个战时人员出入口。战时人员出入口内设置防护密闭门一道、密闭门一道。战时人员出入口中至少有一个口部作为战时人员主要出入口。战时人员主要出入口应直通地面，宜设置在地面建筑物倒塌范围以外，若处在倒塌范围以内，应在出入口设置防倒塌棚架。其余各平时出入口设置防护密闭门一道。

每个防护单元的战时掩蔽人数由掩蔽面积决定，详见《轨道交通工程人民防空设计规范》(RFJ 02—2009)，战时人员出入口疏散宽度应按掩蔽人数每 100 人不小于 0.3 m 计算。

为使地铁干线与人防工事联网成片，根据地铁沿线已建人防工事的情况和未来城建发展的需要，在地铁车站内预留连通口。连通口至连通单位的通道由人防部门统一规划，组织有关单位建设。

车站站厅可不划分抗爆单元，如要划分，则应分层划分，即：负一层为一个抗爆单元，负二层及以下各层为一个抗爆单元。

每个防护单元的设施布置，应尽量利用平时车站的设计平面和空间，减少工程造价。

设防车站的所有通风道及区间通风道均在风道内实行垂直封堵。

24.2 防护设施要求

人防战时人员出入口应设置防护密闭门和密闭门各一道，并采用无门槛形式。

地铁出入段线（牵出线）应于地下段设置防护密闭门和密闭门各一道。

战时使用的各种防护密闭门、密闭门和区间防护密闭隔断门的门框墙应与主体结构同步构筑，不得预留。

战时需要封堵的出入口、其门框墙或封堵支撑部位应与主体结构同步构筑，并按照预留、预埋和临战封堵两个步骤实施。

地铁仅用于平时使用的出地面风道，应采用人防设备进行战时封堵。

各种防护设备和封堵构件，应采用国家定型产品，优先选用标准型号。

区间隔断门信号箱由动照专业进行供电，电压 220 V，功率 0.2 kW。并由 BAS 专业到隔断门信号箱处采集设备状态信号，在综控室进行监控。若区间隔断门发生异常状态，要向监管人员发出声音及图像警告。

24.3　防淹要求

根据宁波其他既有线或在建线路防淹门设置情况，在区间穿越通航河道（甬江、奉化江、余姚江）的两端均结合区间防护密闭隔断门设置防淹门。

根据《宁波市轨道交通防台防汛设计指导建议（试行）》要求，在出入段线端部设置防淹门。

防淹门应采用电动形式，并于防淹门附近设置防淹门控制室，控制室设置位置宜使操作人员能直接观察到防淹门开闭情况。设置于车站端部的防淹门，控制室宜设置于车站端头与站台层端门之间。

24.4　结构要求

结构设计应符合现行国家标准《人民防空工程设计规范》（GB 50225—95）的有关规定。工程主体各部位的结构和构件的抗力应相互协调一致。

防护密闭门框墙、防护密闭门及各种孔口防护设备的防护能力应与主体结构的防护能力保持一致。

按 6 级抗力标准进行验算时，验算结构在核爆炸动荷载与静荷载共同作用下的承载能力，不验算此工况下的结构变形、裂缝宽度，地基承载力及变形。

24.5 战时通风要求

一般设防车站应设置清洁式通风和隔绝式防护，清洁式通风新风量按不小于 5 m³/人·h，隔绝式防护时间按不小于 3 h 计算。

重点设防车站应设置清洁式通风、滤毒式通风和隔绝式防护，清洁式通风新风量按不小于 5 m³/人·h，滤毒式通风新风量按不小于 2 m³/人·h，隔绝式防护时间按不小于 3 h 计算。滤毒式通风时，主要人员出入口防毒通道最小换气次数不小于 40 次/h。

24.6 战时给排水要求

工程战时供水尽量利用城市自来水水源，但应储备一定数量的生活饮用水。

战时工作人员不考虑生活用水，只考虑饮用水。人员饮用水标准为 3~6 L/人·天，贮水时间为 3 天。用成品商业桶装水作为战时人员饮用水。

每个防护单元可利用地铁平时的厕所，临战前应将厕所污水集水池放空以备战时隔绝防护条件下使用。

所有进出地铁工程的给水管、排污管、消防水管在围护结构的内侧以及穿过防护单元隔墙两侧的给水管均应设置工作压力不小于 1.0 Pa 的闸阀。闸阀应设在便于操作处，并应有明显的标志。一直处于满流状态的给排水管应采用防爆波阀门。所有给排水管穿越外围护结构墙或防护单元隔墙时，均应从墙体中预埋的防水套管（带翼环）中穿过。

24.7 战时供电要求

工程战时电源，应尽量利用地铁平时供电系统，当外电源遭到破坏时，可利用地铁平时应急电源供电，并保证供电时间不得少于 3 h。

有条件时，可将沿线近处的人防区域电站供电线路引入地铁内，作为战时人防供电电源。

战时照明应符合下列规定：

（1）利用各站内的正常照明的一部分作为战时正常照明，最低照度应不小于 75 lx。

（2）利用平时应急照明作为战时应急照明，最低照度应不小于 5 lx。战时应急照明的蓄电池组连续工作时间不少于 3 h。

（3）为了减少战时蓄电池组的容量，各车站战时应急照明应分区控制，分区原则如下：人员掩蔽区，应保持连续照明；人员出入通道，应保持连续照明；区间、非人员掩蔽区，在需要时提供照明。当战时区域电源投入使用时，需要切断战时照明出线回路中站厅、站台和区间照明中若干回路以及所有设备层回路，保持车站内基本照度即可。

在出入段线洞口设置的防护密闭门、密闭门、正线上设置的防护密闭隔断门等的开启状态应设有输出无源触点接口，供 BAS、ISCS 专业显示、报警、发出信号使用。在车控室 IPB 盘上设置声光音响信号。

地铁切断城市人防疏散干道时，干道内被切断的电缆、电线等宜另在地铁隧道顶盖上构筑电缆连通道，连通道净高应不小于 1.5 m，宽度不小于 0.8 m。

24.8　平战转换

防护功能平战转换工作量应按早期转换、临战转换、紧急转换时限要求设计（早期转换时限为 30 天，临战转换时限为 15 天，紧急转换时限为 3 天）。

防护功能平战转换应做到设计一次到位，预留、预埋和临战前转换两步实施的原则。

下列工程部位不得实施防护功能平战转换：战时使用的战时人员出入口、预留连通口、连通口的防护密闭门、密闭门、地铁区间隔断门和牵出线门。清洁式风道门应一次安装到位，并作适宜口部环境的伪装或装修。凡采用钢筋混凝土或混凝土浇筑的部位。进出工程的给排水等管道上安装的防爆波阀门应一次安装到位。

进出工程的各类管道、电缆、电线等，均应采取可靠的防护密闭措施，在地铁运营前封堵完毕。

24.9　场段人防

车辆场段应按结建人防工程配建人防地下室，具体配建指标应与当地防办取得沟通后确认。

25 车辆基地工艺及设备

25.1 车辆运用整备设施要点

1. 停车列检库

（1）停车列检线应设置登车梯以方便上下车。

（2）停车列检线应采用柱式检查坑，检查坑坑底距轨面高度应为 1.5 m，其轨旁地坪距离轨面高度应为 1.0 m，停车列检线应考虑列车空调冷凝水集水槽排水需要。

（3）列检区柱式检查坑两端斜坡坡度宜为 10%，并设置相应的坡道防滑措施。

2. 周月检库

（1）周月检线两侧均应设置双层检修平台及护栏，车顶作业平台兼顾两条股道时，中间还应设护栏分隔。

（2）周月检线应采用柱式检查坑，检查坑坑底距轨面高度应为 1.4 m，其轨旁地坪距离轨面高度为 1.1 m，停车列检线应考虑列车空调冷凝水集水槽排水需要。

（3）周月检线应具备静态调试功能，应根据需要合理配置静调电源柜。

3. 洗车机库

（1）洗车线宜采用贯通式布置，用地条件受限时可采用八字式或尽端式。

（2）洗车机库内设列车自动清洗机，应具备洗车库本地操作及 DCC 远程操作的功能。

（3）洗车机棚长度不宜小于 54 m，有条件时应适度加长。

（4）洗车线宜方便洗车后的列车可以直接进入所有的停车列检线和周月检线。

25.2 车辆检修设施要点

1. 大架修库

（1）大架修库宜按照整列车检修需要设计，宜设置整列车同时架车的固定式架车机，并设 10 t 及 5 t 起重机各一台。

（2）转向架检修车间应靠近大架修库设置，通过库内轨道和转盘进行转向架的转运。

（3）转向架及空调机检修间应配置专门清洗区，清洗区设置防溅水墙。

（4）对于上盖物业开发的车辆段，不宜设置油漆库，宜设置水性漆库或贴膜库。

2. 定临修库

（1）定修线外侧应设置双层及三层检修平台及护栏。且采用柱式检查坑，检查坑坑底距轨面高度应为 1.4 m，其轨旁地坪距离轨面高度为 1.1 m。

（2）临修线宜按照整列车检修需要设计，宜设置整列车同时架车的固定式架车机，并设 10 t 及 2 t 起重机各一台。

（3）车辆段与停车场间距超过 35 km，应在停车场设置临修线。

3. 吹扫库

（1）吹扫线外侧应设置双层检修平台及护栏。且采用柱式检查坑，检查坑坑底距轨面高度应为 1.4 m，其轨旁地坪距离轨面高度为 1.1 m。

（2）吹扫库应配置车辆吹扫装置，满足定期对车底吹扫、清洁作业需要。

（3）吹扫工艺建议采用压缩空气吹扫、大功率吸尘器和高压水结合的清扫工艺。

（4）吹扫库应相对封闭设置，与其他库房间采用隔墙分隔。

4. 静调库

（1）静调线外侧应设置双层检修平台及护栏。且采用柱式检查坑，检查坑坑底距轨面高度应为 1.4 m，其轨旁地坪距离轨面高度为 1.1 m。

（2）静调线宜按单元车配置静调电源柜。

（3）静调库内应全部设置为零轨。

（4）静调线应在检修平台前端设置限界门。

5. 镟轮库

（1）镟轮库内配置不落轮镟床及 2 t 起重机各一台。

（2）不落轮镟轮线宜单独设置，镟床前、后的线路有效长度应分别满足远期列车编组车辆的全部轮对能进行镟轮作业的要求。

（3）镟轮坑内设空调、排水、电话、网络、侧向照明及公铁两用车充电设施。

（5）镟轮线入库端库门至信号机有效长度应不小于 140 m。

（6）采用专用轨回流线路镟轮线不设置轨道绝缘节和单向导通装置。

6. 试车线

（1）非全自动车辆段试车线有效长度应不小于 1100 m，曲线半径应不小于 1000 m，坡度不大于 4‰，以满足列车最高 80 km/h 的列车性能试验需求，且试车线长度应结合车辆段实际用地条件具体设置。

（2）全自动车辆段试车线有效长度宜大于 1600 m，曲线半径应不小于 1000 m，坡度不大于 4‰，以满足列车最高 100 km/h 的列车性能试验需求，且试车线长度应结合车辆段实际用地条件具体设置。

25.3　综合检修设施要点

（1）综合维修中心配置工务、建筑、供电、机电、通信、信号、自动售检票、屏蔽门、防灾报警监控、通风空调系统等的运用维修基地和管理机构。

（2）工程车库配置工程车、轨道车、钢轨打磨车、钢轨探伤车及综合检测车等大型工程车，应按线别、配属段进行配置。

（3）调车机库与工程车库宜合并设置，两者需间隔开，互不影响。

（4）调机库宜配置 10 t 双梁桥式起重机、移动式架车机及静调电源柜。

25.4　救援设施要点

（1）车辆段应配置相应的救援设备，大型救援设备（如起复设备、扶正设备、救援汽车等）。

（2）车辆段应设救援汽车停放间及救援设备间，靠近运转办公楼，救援设备间需设于一层，门高宽要求能够满足电瓶车、叉车进出。

25.5　物资仓储设施要点

（1）物资总库应配置货架、堆垛机、物料输送线、叉车搬运车等。管理计算机和调度计算机宜布置在中控室内，中控室应能观察作业现场。

（2）大件物品存放库及材料棚配置 5 t 和 2 t 起重机各一台。

（3）立体仓库控制室应靠近向立体仓库设置，并面向立体仓库设一处观察窗。

26 车　辆

26.1　一般规定

（1）车辆宜实现 UTO 全自动模式运行，满足 EN 62290、IEC 62267 中关于 GOA4 的相关要求。各控制系统应满足以下安全等级要求（包括但不限于）：紧急制动不低于 SIL4、常用制动不低于 SIL2、客室车门不低于 SIL2、车辆网络控制系统不低于 SIL2。

（2）全自动运行列车应具备障碍物主动/被动检测、脱轨检测功能。

（3）车辆应建立智能运维系统：

① 应配置包括车载设备、DCC 地面服务器及终端、OCC 客户端，地面服务器可接收来自轨旁综合检测系统的检测数据。

② 应配置维护以太网，具备远程数据上传功能。在运营过程中，车辆实时将重要的状态信息发送至地面智能运维系统；回库后，车辆自动将当天数据上传至地面智能运维系统。

③ 列车控制网和维护网应分别独立设置。

④ 应具备弓网在线检测、走行部在线监测功能。

（4）空车质量宜按以下标准执行：

T、Tc 车 ≤ 33 t。

M、Mp 车 ≤ 34.8 t。

Mcp、TcM、MTc 车 ≤ 36 t。

26.2　车　门

（1）全自动运行列车宜通过 OCC 远程或司机室操作，实现对客室车门隔离的功能。

（2）全自动运行列车宜不设司机室侧门；如设司机室侧门，应串入安全回路。

（3）应在每一个司机室前端位置设置一个全开式端部疏散门，该门可以从内部打开或锁闭。

26.3　电气系统

（1）采用专用轨回流方式车辆的特殊要求：

① 采用专用轨回流方式时，应设置贯穿车辆的回流母线，并在转向架上设置足够数量的回流器，保证车辆能顺利通过专用回流轨的断轨区域，回流器与专用回流轨的接触压力应与车辆最高运行速度匹配。

② 车辆宜具备专用轨回流与走行轨回流的切换功能。

（2）车辆宜采用永磁同步牵引系统，容量应满足牵引、电制动性能要求。

（3）司机室应能操作前后受电弓单独升降。

（4）车辆蓄电池宜采用钛酸锂电池。

26.4　空调系统

车辆空调应采用变频热泵技术，提升客室舒适性及节能性。